JN105136

# 教員養成で育む実践的指導力

学校臨床研究と教職実践研究の取組

北海道教育大学 編

大学教育出版

# は じ め に

　国が「国民の期待に応える国立大学の実現」を掲げて、全国立大学のミッション（使命）を再定義するという作業を行いました。これにより北海道教育大学の基本的な目標は、「義務教育諸学校に関する教員養成機能における北海道の拠点的役割を目指す」ことであると明示されました。その目標達成に向け、本学は実践型教員養成機能への質的転換を図るために、附属学校や公立の連携協力校等を積極的に活用するなど、実践的な能力をもった教員の養成に努めています。

　そのための具体策の一つが、附属学校・拠点校を基盤とした課題解決型授業「学校臨床研究」及び「教職実践研究」の創設です（平成 29（2017）年度）。双方向遠隔授業システムによって附属学校・拠点校・小規模校と大学の教室を結び、授業実践上の課題解決を目指した授業研究等を学生に行わせ、学級経営力・授業分析力・授業運営力等、実践に必要な知見の習得と能力の伸長を図ることを目指しました。

　令和元（2019）年度の授業評価アンケートでは、学校臨床研究について「非常に満足」「満足」を合わせて 90.0％、教職実践研究が同様に 96.2％という結果でした。しかし、これらの授業が、どれだけ「実践的指導力を兼ね備えた教員養成」に資するものとなるのかについては、今後のさらなる検証・評価を待たなくてはなりません。

　開講から 5 年を経て、学校臨床研究及び教職実践研究のこれまでの取組の成果と課題をまとめ、絶え間ない改善へとつなげることが重要であると考えています。教員養成課程において、実践的指導力の育成を目指す課題探究的な学びの一つの方法として、本学が試行した学校臨床研究の取組を教育に携わる関係者と広く共有し、今後に向けて互いに協働しながら、さらに質の

高い教員養成を目指していくことをねらいとして本書の出版が企画されました。

　本書をお読みいただきました読者の皆様から忌憚のない御批正を賜り、本学の教育活動の改善につなげて参りますとともに、本書の企画が、教員養成教育の改善の一助となりましたら幸いに存じます。


　令和4年1月

北海道教育大学　学長　蛇穴　治夫

# 教員養成で育む実践的指導力
## ― 学校臨床研究と教職実践研究の取組 ―

# 目　次

## 第1部　北海道教育大学における実践力を兼ね備えた教員養成の枠組み

## 第 3 部　教職実践研究の実践と考察

特別寄稿

# 学校臨床研究に期待すること

## 1　は じ め に

　子どもの成長を担う教員には、いかに時代が変化しようとも、その時代の背景や要請を踏まえつつ、次代を担う子どもたちを育てるという極めて重要な使命や責任をもつとともに、子どもたちの人格の形成を担う存在であることから、その職責の重さを絶えず自覚し、自らが子どもたちの道しるべとなるべく、常に資質能力の向上を図り続けることが求められている。

　このような中、北海道教育委員会では、平成 29（2017）年 12 月、教育公務員特例法等の一部改正（平成 29 年 4 月 1 日施行）に基づき、教員が身に付けるべき資質能力として、「北海道における『求める教員像』」及び「キーとなる資質能力」を明らかにし（図 1）、その実現のために、「養成段階」「初任段階」「中堅段階」「ベテラン段階」の 4 つのキャリアステージに応じて身に付ける資質能力を位置付けた「北海道における教員育成指標（以下「育成指標」と言う）」を策定した。

　「育成指標で示したキャリアステージに応じた資質能力について、養成・採用・研修に携わる機関等が共通理解を図り、ベクトルを揃えて取り組むことが必要であり、そういった観点から、学校臨床研究の意義を確認しつつ、今後の期待について以下述べたい。

```
┌─────────────────────────────────────────────────────────┐
│            北海道における「求める教員像」                  │
│ ┌─────────────────────────────────────┬───────────────┐ │
│ │ 教職を担うに当たり必要となる 素養 に関連する事項 │ キーとなる資質能力 │ │
│ │ 教育者として、強い使命感・倫理観と、子どもへの │ ●使命感や責任感・倫理観 │ │
│ │ 深い教育的愛情を、常に持ち続ける教員           │ ●教育的愛情  ●総合的人間力 │ │
│ │                                       │ ●学び続ける力  ●情熱 │ │
│ ├─────────────────────────────────────┼───────────────┤ │
│ │ 教育又は保育の 専門性 に関連する事項    │ キーとなる資質能力 │ │
│ │ 教育の専門家として、実践的指導力や専門性の向上 │ ●教科や教職に関する専門的知識 │ │
│ │ に、主体的に取り組む教員              │ ●実践的指導力 │ │
│ │                                       │ ●新たな教育課題への対応力 │ │
│ │                                       │ ●子ども理解 │ │
│ ├─────────────────────────────────────┼───────────────┤ │
│ │ 連携及び協働 に関連する事項            │ キーとなる資質能力 │ │
│ │ 学校づくりを担う一員として、地域等とも連携・協 │ ●コミュニケーション能力 │ │
│ │ 同しながら、課題解決に取り組む教員      │ （対人関係能力を含む） │ │
│ │                                       │ ●組織的・協働的な課題対応・課 │ │
│ │                                       │ 題解決力 │ │
│ │                                       │ ●学校づくりを担う一員としての │ │
│ │                                       │ 自覚と協調性 │ │
│ │                                       │ ●地域等との連携・協働力 │ │
│ │                                       │ ●人材育成に貢献する力 │ │
│ └─────────────────────────────────────┴───────────────┘ │
└─────────────────────────────────────────────────────────┘
```

図1　北海道における「求める教員像」

## 2　「育成指標」における養成段階の位置付けと期待される学び

　「育成指標」においては、4つのキャリアステージに応じて必要な資質能力を「理解 → 実践 → 実践の深まり → 実践の広がり」となるよう示しており（図2）、養成段階では、キーとなる資質能力について、主に「理解する」ことを求めている。

　例えば、「授業力」については、「ねらいを明確にした指導案を作成し、意図的な授業（保育）を展開することの重要性を理解している」と示している。

　こうした資質能力を身に付けさせるためには、どのような学びが必要なのかを考えるとき、新学習指導要領解説総則編（平成29年7月）の次の記述に解決の糸口を見付けることができる。

　解説総則編（小学校）には、育成を目指す資質・能力に関わって、「資

指標（スタンダード）

【横軸】キャリアステージ４つの段階に分けて

養成段階 → 実践 初任段階 → 実践の深まり 中堅段階 → 実践の広がり ベテラン段階

| | | 養成段階 | 初任段階 | 中堅段階 | ベテラン段階 |
|---|---|---|---|---|---|
| | | 理解 | 実践 | 実践の深まり | 実践の広がり |
| 実践的な指導力 | 授業力 | ねらいを明確にした指導案を作成し、子どもの考えを生かしながら意図的な授業（保育）を展開することの重要性を理解している。 | ねらいを明確にした指導案を作成し、子どもの考えを生かしながら意図的・計画的に授業（保育）を展開している。 | 専門性を高め、ねらいを達成できる指導案を作成し、子どもの考えを生かし、意図的・計画的に授業（保育）を展開している。 | 専門性を一層高め、ねらいを達成できる指導案を作成し、ねらいの考えを生かし、意図的・計画的に授業（保育）を展開するとともに、これまでの経験を踏まえた「心構え」や「コツ」を伝えたりしている。 |
| | 生徒指導・進路指導力 | ・個や集団を指導する意義や重要性を理解している。<br>・子どもの個性や能力の伸長と健全な心身の育成を通して、子どもの自己実現を図る指導の重要性を理解している。<br>・年間を見通した学級経営の重要性・学級組織の重要性を理解している。 | ・子どもの発するサインを見逃さず予防的な対応を行っている。<br>・子どもの個性や能力の伸長と健全な心身の育成を通して、子どもの自己実現を行っている。<br>・子どもの理解に基づく学級経営を計画的に行いよりよい学びの課をつくっている。 | ・子どもの発するサインを見逃さず予防的な対応を行っている。<br>・校（園）内での情報共有に努めるなかや客観的な事実を把握を行っている。<br>・子どもの個性や能力の伸長と健全な心身の育成を図って自己実現を図り、校（園）の生徒指導・進路指導上の課題解決に向けて集団を取り組んでいる。<br>・子どもの理解に基づく学級経営を計画的に行い集団をつくっている。 | ・専門性を一層高め、ねらいを達成できる指導案を作成しながら意図的・計画的に授業（保育）を展開している。<br>・学校（園）の生徒指導・進路指導上の課題解決に向け具体的な方策を提案している。<br>・子どもの個性や能力の伸長と健全な心身の育成を図る自己実現を図り、これまでの経験を踏まえた「心構え」や「コツ」を伝えたりしている。<br>・望ましい学級経営について範を示したり、これまでの経験を踏まえた「心構え」や「コツ」を伝えたりしている。 |

教育の専門家として、実践的な指導力や専門性の向上に、主体的に取り組む教員

【縦軸】「教員像」と「キーとなる資質能力」をセット

図2　教員育成指標の段階

質・能力の育成は、児童が『何を理解しているか、何ができるか』に関わる知識及び技能の質や量に支えられており、知識や技能なしに、思考や判断、表現等を深めることは難しい。一方で、社会や世界との関わりの中で学ぶことへの興味を高めたり、思考や判断、表現等を伴う学習活動を行ったりすることなしに、児童が新たな知識や技能を得ようとしたり、知識や技能を確かなものとして習得したりしていくことも難しい」とある。

この「児童」を「教員」に置き換えてみると、養成段階での学びに期待されることが見えてくる。大学においても講義等での学びはもとより、どういう経験を経て理論を身に付けていくかも重要な視点として考えていきたいということである。

自分自身も、教育局勤務時に採用後に行う初任段階教員研修に関わってきて感じていたことがある。多くの新採用教員が、自分が直面している課題（例：なかなか指導が伝わりにくい児童生徒への声かけ、自分の苦手な教科の指導方法　など）に対する「正解」が得られることに研修の意義を感じる傾向にあるということである。研修後のアンケートでも「明日使える具体的な方法が分かってよかった」などの感想を目にすることが多い。

新採用教員が「これで頑張れそうだ」という見通しをもって学校に戻ることは、企画運営した側としても嬉しいことであり意義ある一方で懸念されるのは、その「正解」では他の課題には対応できないことが多いということである。

講義や演習・協議を通して、新採用として着任してからの毎日の中で、自己の課題は何か、どうしたらそれを解決できるかだけでなく、なぜそれが起きているのかという要因を分析し、どこを目指して解決を図るのかを定め、どこにアプローチすれば課題解決につながるのかなどという、「応用力」を並行して身に付けてほしいと考え、研修の振り返りの際に気付きを促してきたことを記憶している。

そうした意味からも、実践を通して学ぶ学校臨床研究は、養成段階におい

て貴重な学びであると考える。

## 3　学校臨床研究の強み

　平成 27（2015）年 4 月に文部科学省が実施した「教員の資質能力の向上に関する調査」では、教育委員会が教員養成段階に身に付けておいてほしい力として「教員としての心構え、熱意、識見」「主体的・協働的な学びを実現するための指導力」「発達障害など特別の支援を必要とする児童に対する指導」などが上位に挙げられている。ここでは特に、「主体的・協働的な学びを実現するための指導力」を身に付けさせる上での、北海道教育大学の学校臨床研究の強みについて述べたい。

### （1）　見通しをもつ

　「主体的・協働的な学び」を実現させるためには、指導者自らがそのイメージをもつことが重要である。学校臨床研究では、教育実習を軸として、自ら課題設定し、課題解決に向けたチーム討論や実習を行い、振り返りにより学びを深めるという過程を重視したカリキュラムが構築されている。これはまさに、見通しをもって粘り強く取り組み、自己の学習活動を振り返って次につなげる「主体的な学び」の視点と同様である。また、教育実習で経験するであろう課題をある程度見通しながら課題設定を行うことで、実習中の困難も学生自身が次のステップに進むために必要な学びとして捉えることができる。

### （2）　多様なネットワークを構築する

　変化の激しい社会に対応した教育の担い手となるためには、自ら変化を積極的に受け止め、他者と協働して課題を解決していく経験が必要である。学校臨床研究では、クラス内のグループ、遠隔システムの活用による他校の学

生との意見交換など、多様なネットワークの下での学びを重視している。異なる立場の意見を聞き、多面的に考えたり、考えを再構築したりすることを日常的に行いながら思考する習慣を身に付けることが重要であり、培われたネットワークは、教職に就いた後も大きな財産となる。

### （3） 現場感覚をもつ

　学校臨床研究の授業を担当されている方の多くは、教頭、校長経験者等であり、御自身の教職に対する高い見識や専門性はもとより、学校が求める教員像を具体的にイメージしながらカリキュラムを構想し、指導に当たることで、理論と実践の往還の質を高めている。さらに、附属小・中学校や近隣の小・中学校との連携により、「今、学校は、子どもたちはどのような状況にあるのか」というタイムリーな状況意識の中で学びを深めることが可能となる。

　なお、この部分については、道教委としても、学校臨床研究担当教員の方々とより一層緊密に連携しながら、教員の育成に取り組んでいくことが必要であると考えているところである。

## 4　道教委の取組

　道教委では、教育大学における学校臨床研究の成果も踏まえ、教員を目指す大学生が、多様な体験活動を通して、教職のやりがいを再発見するとともに、地域の関係人口づくりを結ぶ新たな教育実習の仕組みを「草の根教育実習システム」として、令和3（2021）年度の本格実施を目指して試行的な取組を始めた（図3）。これは、へき地・小規模校ににおける教育実習や行事体験等を行うものであり、地域に根ざした教育活動に触れ、教職への意欲を高める機会となるよう養成大学と連携しながら取組を進めていくこととしている。

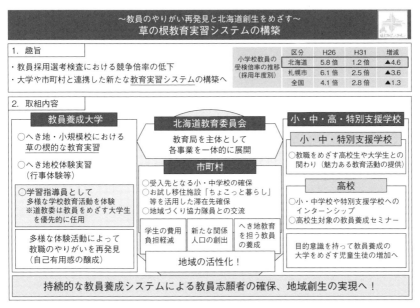

図3　草の根教育実習システム


## 5　おわりに

　大学時代は限られた期間ではあるものの、やりがいや将来への希望はもちろん、「少し背伸びをしたら乗り越えられた壁」を経験することが大切だと考える。また、教職に就いてからも常に自己をアップデートしようとする意欲の強い教員の多くは、学生時代にゼミや卒業論文の研究にしっかり取り組むなどの経験をしていることが多いと感じる。そのような意味からも、道教委としても学校臨床研究が、養成段階と採用後の円滑な接続に資するものとなるよう、今後も関係の皆様との連携・協働に努めてまいりたい。

第 1 部

# 北海道教育大学における実践力を
# 兼ね備えた教員養成の枠組み

# 第**1**章

# 北海道教育大学における学校臨床研究と教職実践研究

— 構想の経緯と開発理念 —

## 1 「学校臨床研究」と「教職実践研究」の創設
— その社会的背景 —

本学の「学校臨床研究」及び「教職実践研究」という授業科目は、平成26（2014）年6月に設置した「附属学校・拠点校を基盤とした課題解決型授業の実施プロジェクト会議[1]」（以下「プロジェクト会議」という）においてその授業内容等について検討され、平成29（2017）年度から実施されることになったものである。筆者は、当時担当理事として取りまとめの任にあたった。

これら新規授業科目を開設した背景には、「大学改革実行プラン（平成24年6月）[2]」（文部科学省）に基づく国立大学全体の改革という文脈がある。ここでは、まずそのことについて簡単にまとめておく。以下の記述内容の理解を助けるため、国立大学の改革と本学の教員養成改革を巡る動きについて、次頁の図1-1にその概略をまとめた。

大学改革実行プランが文部科学省から示された後、各国立大学の使命を明確にするための、いわゆる「ミッションの再定義」と言われる作業が国により進められた。これは、急速に変化する社会にあって、国民の期待に応える国立大学を実現するために、各国立大学の強みや特色、社会的使命（ミッ

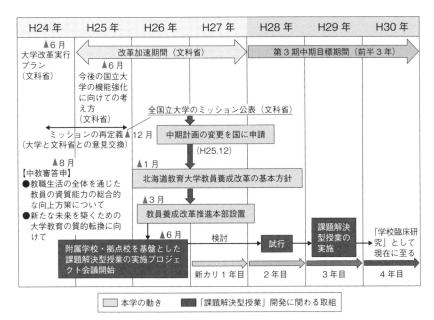

図1-1　国立大学の改革を巡る動きと、本学の教員養成改革

ション）を明確に再定義して、国立大学全体の機能強化を図ることを狙いと
したものである。これを行うために、各国立大学は自らの成果を示す客観的
資料を国に提出し、それを基に国と各国立大学が意見交換を行って、最終的
には平成25（2013）年12月18日に全国立大学の再定義された「ミッショ
ン」が国によって公表された[3]。このミッションの再定義は、国が第3期中
期目標期間の開始（平成28（2016）年度）を見据え、第2期中期目標期間
の後半3年間を、国立大学の「改革加速期間」と位置付けて、各大学に自ら
の使命と強みを自覚させて改革を促す起点になったと言える。

## 2　再定義されたミッションに基づく本学の教員養成改革

本学はミッションの再定義により、「義務教育諸学校に関する教員養成機能における北海道の拠点的役割を目指す」ことを基本的な目標とされ、そのために「実践型教員養成機能への質的転換」「附属学校や公立の連携協力校等を積極的に活用」「実践的な能力を育成」することなどが求められ、本学として具体策を掲げて取り組み、その社会的使命を積極的に果たしていくことになった。

　そのためにまず行ったのは、中期計画の変更を国に申請し（平成25年12月）、その認可を受けることであった。その関係部分の内容は以下の囲みのとおりである。

---

　中期目標（「1　教育に関する目標　（1）教育内容及び教育の成果等に関する目標」）の中に以下の中期計画（中期計画番号5-3）を追加。

5-3　教員養成課程の学生に実践的な指導力を修得させるために、次の取り組みに着手する。
　①附属学校等の授業分析を不断に行う等の課題解決型の授業を開発する。
　②附属学校・拠点校等で実践的な指導法や学校の課題を学び、大学において理論的・分析的な省察を行い、実践的な学士論文につながる「卒業前実践研究（仮称）」を開発する。

（※下線は筆者による。）

---

　「ミッション」で要請された、附属学校等の活用と実践的な能力の育成を図るための具体策として中期計画の追加を申請したものである。

　この中期計画の変更に基づく「課題解決型授業の開発」等を実際に進めるにあたって、平成25年6月20日に文部科学省より示されていた「今後の国立大学の機能強化に向けての考え方」（以下「考え方」という）に留意する

必要もあった。その中には教員養成大学・学部に特化した改革の観点が示されており（下の囲みに抜粋して示した）、特に、下線を施した①の具体化と②の要請に応えることが必要であった。

---

「今後の国立大学の機能強化に向けての考え方」（文部科学省、H25.6.20）

（抜粋）

6.　国立大学として担うべき社会的な役割等を踏まえつつ、各専門分野の振興を図る。（複数の事項の中から下記の事項のみ抜粋）

○教員養成大学・学部については、今後の人口動態・教員採用需要等を踏まえ量的縮小を図りつつ、初等中等教育を担う教員の質の向上のため機能強化を図る。具体的には、①学校現場での指導経験のある大学教員の採用増、②実践型のカリキュラムへの転換（学校現場での実習等の実践的な学修の強化等）、組織編成の抜本的見直し・強化（小学校教員養成課程や教職大学院への重点化、いわゆる「新課程」の廃止等）を推進する。

（※下線と①②の数字は筆者による。）

---

　このような状況の中で、平成 26 年 1 月には本学として「北海道教育大学教員養成改革の基本方針」（以下「基本方針」という）をまとめ、その中で教員養成機能の強化に向けた取組を具体的に提示した（以下の囲み）。この中において、「附属学校・拠点校を基盤とした課題解決型授業の実施」を項目として掲げ、「考え方」の「①学校現場での指導経験のある大学教員の採用増」への対応として「学校臨床教授（仮称）配置」を提案し、「②実践型カリキュラムへの転換」に対応するために「卒業前実践研究（仮称）新設」という形で新たな授業の開発を提示した。これが結果的には「学校臨床研究」及び「教職実践研究」という授業科目でスタートすることになったものである。

　この基本方針に基づいて具体的な作業を進めていくため、平成 26 年 3 月に「教員養成改革推進本部」を設置して、その下に冒頭に述べた「プロジェクト会議」を置き、新たな授業の開発に取り組むことになった。

北海道教育大学教員養成改革の基本方針（抜粋） 平成 26 年 1 月 28 日
4 教員養成機能の強化に向けての取り組み
（1）学士課程教育
○附属学校・拠点校を基盤とした課題解決型授業の実施
・学生が附属学校・拠点校などで実践的な指導法を学び、大学において理論的・
　分析的な省察を行うことで、学校現場を活用した実践力を鍛える課題解決型
　の授業を実施。
　　（「学校臨床教授（仮称）」配置；現場経験のある教員で、例えば学生に今日
　的な学校課題を教授し、また教科教育・教科専門担当の教員とチームを組ん
　で課題解決型の授業を実施するなどの役割を担う）
　　（「卒業前実践研究（仮称）」新設；附属学校に双方向遠隔授業システムを整
　備し、独自のアクティブラーニングを開発するなど）
　　　　　　　　　　　　　　　　　　　　（※下線と網掛けは筆者による。）

## 3 「学校臨床研究」及び「教職実践研究」の開発理念等

### （1） 新たにどのような授業を目指したか

　「プロジェクト会議」では、基本方針に基づきながら新たな課題解決型の
授業を構想するにあたって、本学の教育課程を振り返ってその課題を確認す
ることから作業を開始した。その中で、体験的科目や実習系科目が用意され
ているものの、学生が受け身になっているために、知識・技能と実践との関
連付けが不十分となり、ひいては実践力の育成に効果的につながっていない
可能性があることなどが議論された。同時に、その改善のためには、実習系
科目への大学の関わり方や役割について考える必要があることも議論となっ
た。
　平成 28 年度の「学校臨床研究」の試行を控えて「プロジェクト会議」が
まとめた資料にそのあたりの経緯が読み取れる部分がある。それを以下の囲
みに引用した。次の項では、実際にどのような授業を構想し、また、何を目
指したのか、その理念的な部分をまとめた。

平成27年度入学生実施の新教科について
「学校臨床研究」（双方向遠隔授業システムを活用した課題解決型授業）
「教職実践研究」（「卒業前実践研究（仮）」）から「2　目的」部分を抜粋

　本学の学生たちは、教員を目指し、附属学校等で実際に授業を参観する、あるいは、録画された授業を見ることによって、授業計画、授業準備、授業方法、児童生徒への対応の仕方、評価等について学んでいる。また、教育実習等を通して、自ら授業実践をしながら教員としての資質と能力を培っている。

　しかしながら、授業参観や録画されたものを受動的に見るだけでは、たとえ課題意識を持って臨んだとしても、受け身であることは否めなく、その深まりに欠ける部分が見られる。また、教育実習についても、実習校での指導に頼るところがあり、あくまでもその学校の先生に指導をお願いすることになり、大学としての関わりが弱いところがある。さらに、初任者として学校に入っても、教員として十分に力を発揮し、しっかりと責務を果たすには、時間がかかるとともに、周りの教員に大きな負担をかけている現状がある。大学において実践力を兼ね備えた教員を養成する役割はより大きくなってきている。

　以上の点から、大学において、より実践的で臨場感があり、学生が課題意識を持って主体的に取り組めるようにすることの必要性が大きいものと思われる。そこで、双方向の遠隔授業システムの持つ機動性を取り入れた授業、「学校臨床研究」を計画する。

　さらに、学校現場を対象として学士論文へと直結する講義への連動も意義あるものと考え、「教職実践研究」を設定する。

（第7回課題解決型プロジェクト会議（H27.2.26）、資料1より）

## 1）　学校臨床研究

　「プロジェクト会議」では、学校現場の実践から学ぶという姿勢を基礎として、学生の能動的な学びをいかに引き出すかという点に腐心した。このとき、知識・技能というものが、単に人から与えられるよりも、その必要性を自覚したときに一番身に付くのではないかとの考えを念頭に置き、自分ならどうする、そのために欠けている知識は何か、そのような自覚を学生に促して主体的・能動的に学ぶ姿勢を引き出すことを考えた。そのようにして、上記「目的」にあるとおり、実践を見るだけの受動的なものから、学生自身が

その場にいたならどのような実践を行うかを自分自身の問題として捉え、解決策を考え、人との議論を通じて自分の考えを見直し、また足りない知識を学び直すなど、課題意識を高めて臨場感をもって取り組まなければならないような授業の構想を試みた。

　この「目的」の中に「双方向の遠隔授業システムのもつ機動性を取り入れた授業」という表現がある。これについて少し補足が必要である。これは、北海道教育大学が5つのキャンパスに分かれていながら、全学連携科目をそのシステムを使って全キャンパスに配信しているという実績と、教職大学院では各キャンパスをつないで、講義、全体討論、キャンパスごとの討論などを組み合わせた授業をすでに展開しているというノウハウの蓄積があることを踏まえた表現である。このシステムを使えば、学生を直接附属学校等へ連れて行かなくとも、大学の教室に附属学校等の授業をライブ配信することができ、また、附属や連携協力校の先生と学生が当該授業後に直接ディスカッションすることも可能になるものである。さらに、システムの録画機能を活用すれば、回線を切ったあとでも、ポイントとなる箇所を大学で見直しながら学生に講義できるという利点も想定された。

　このようにして、「学校臨床研究」に関しては、テーマに応じて学生自らが練り上げた実践計画と、双方向遠隔授業システムを通して見た現場教師の実践との比較検討、あるいは双方の意見交換などを通して、学生の学びを深めるという基本的な方向性が決まった。

### 2）教職実践研究

　「教職実践研究」については、学校現場の課題に関係する臨床的・実践的な学士論文作成につなげることを目的として、学校臨床教授の指導の下に、実践的な指導法や学校の課題を学ぶ演習を想定し、4年次前期に開講する授業を構想した。

　構想段階での内容、目標、授業計画については以下の囲みにまとめた。

【教職実践研究】4年次前期、2単位、演習

（内容）教育実習や学校臨床研究で見いだした教科指導や生徒指導、学級経営等に関する課題を取り上げ、実際にその課題に取り組みながら、理論的・分析的な省察を深め、実践的な学士論文を作成する準備とする。

（目標）次の3点を到達目標とする。

　・実践的な学士論文を仕上げるための、基礎的な手続き、研究方法を身に付ける。

　・学士論文のための具体的なテーマを設定する。

　・研究テーマに相応しい研究方法を見いだす。

（授業計画）次に掲げるものを基本とし、キャンパスの実情に応じて実施する。

授業計画

　第1週　　：ガイダンス

　第2週　　：個人課題の設定と研究計画の構想

　第3週　　：課題交流

　第4〜7週　：課題追究　文献研究や学校現場でのフィールド研究

　第8週　　：中間まとめ・交流会・個人課題の修正と研究計画の改善

　第9〜12週　：課題追究　文献研究や学校現場でのフィールド研究

　第13週：個人課題のまとめ

　第14週：発表交流

　第15週：まとめ

（2）「学校臨床研究」実施に向けたいくつかの問題への対応

### 1）履修する学年と開講時期の問題

　学生自身が高い課題意識と臨場感をもって、自分自身の課題解決のために積極的に取り組むということを狙うとすれば、教職に関する学びが一定程度終わっている必要があると考え、3年次の「教育実習」前後を中心に、開講にあたっての効果的な設定時期について検討を行った。

　学生が「教育実習」に参加できるという意味は、3年前期終了時に、教育実践に必要な最低限の学びが終わっているということである。言い換えると、教育や教師の役割とその意義、子どもの発達と成長に関する知識、そして、心身の発達に関連して生ずる様々な課題と対応方法、教科内容とその指導法等が一通り身に付いている時期が「教育実習」参加の直前とみなすことができる。

　「プロジェクト会議」では、「教育実習」を挟んでその前後に授業を設定する状況を様々な観点から検討し、結果として、教職に就くという学生の意識が一番高まっているのは「教育実習」終了直後ではないかと考えた。つまり、教育実習を終えた後というのは、教職に就くという新たな決意が生まれ、自分自身に何が足りないかという自覚が芽生えており、それらが新たな授業を受講する原動力になるのではないかと考えた。そこで「学校臨床研究」は3年後期に必修で開講することが効果的であると結論付けた。

### 2）授業で扱うテーマの問題

　授業で扱う教育課題として何を準備するかという問題については、教科指導、特別活動、特別支援教育、複式授業あるいはへき地・小規模校教育等、教育実践に関する様々な課題や、授業研究に必要な能力を伸ばすことなど、種々検討がなされた。

　結果的には、「教育実習」を通じて自覚する課題が学生により異なること、双方向遠隔授業システムで授業等の活動を提供することになる現場の先生方も、時期により不特定にならざるを得ないことから、次のように扱うこ

ととした。

　すなわち、各キャンパスの実情に応じて工夫できる余地を残した上で、学生自身が教育実習で自覚した課題を授業で整理・分類し、その中から教員が取り上げるテーマを決め、課題を解決するための実践をどう展開すべきかなどについての学生同士の協働的学びを支援し、また、課題に関連する授業の観察と分析等を通じて課題解決への方策を学生自らが提案できるようになることを目標とした。この過程で、学生は他の学生が課題に掲げる、自分では気付けなかった課題を知ることもできる。教員が取り上げることを決めた課題に関連する授業提供者とは、事前に綿密に打ち合わせることとした。

　15回のコマを使っていくつのテーマ扱えるかという点については、課題の理解、授業の観察、グループ討論、課題解決のための実践案あるいは指導案作成など、学生に行わせるべき内容を考慮し、4コマで1テーマの設定が可能だろうと考えた。全体でのガイダンスやまとめの時間を考えると、15コマ全体で3テーマ扱うということになる。

### 3）　連携協力校の問題

　北海道では、卒業後にへき地・小規模校に配属されることも多く、また、そこには、最近の言い方を借りれば「個別最適な学びと協働的な学び」のエッセンスがあることから、本学附属小中学校の他に、へき地・小規模校を含めた公立小・中学校での実践にも学ぶ必要があると考え、教育委員会の協力を得て連携協力校を決定し、双方向遠隔授業システムなど、必要な装置を配置した[4]。

### 4）　学校臨床教授の配置

　新たな課題解決型の授業を担当する者として、「考え方」も踏まえて本学の教員養成改革の基本方針にも記載した「学校臨床教授」を配置することとした。「学校現場を教師の臨床の場と捉え、そこでの豊富な実務経験を基盤として、教員を目指す学生に実践的な教育・研究指導ができる者（教授）」を「学校臨床教授」（特任教員）として本学に採用することとした。配置数

は、この後に述べる担当クラス数とも関連するが、札幌校・旭川校・釧路校には2人、函館校には1人配置することとした。

学校臨床教授または准教授については、「北海道教育大学学校臨床教授に関する要項」を定め、教育委員会の協力を得て選考することとした。候補者の実務経験の期間、校長経験の有無、研究業績等を勘案して学校臨床教授または准教授とした。

5）試行に向けて作成した「学校臨床研究」実施の予定表

試行に向けて作成した授業の流れを以下の表1-1に示した。1クラスの学生数は45人とした。これを必修にしたので、入学定員数から、札幌校・旭川校は6クラス、釧路校は4クラス、函館校は1クラスでの実施となる。

表1-1 「学校臨床研究」試行に向けた授業の予定表

| 回数 | 授　業 | | 準備等 |
|---|---|---|---|
| 1 | ガイダンス | 4コマで1サイクル | 遠隔授業参観後、授業者と学生がシステムを用いて交流。ただし、ライブ配信だけでなく、録画を用いる場合もある。 |
| 2 | 授業参観のための事前検討 | | |
| 3 | 拠点校等の授業参観① | | |
| 4 | グループ検討 | | |
| 5 | 検討交流 | | |
| 6 | 授業参観のための事前検討 | | 3回で取り上げる内容は教育実習等で自覚した課題を整理・分類し、拠点校等の事情も考慮して決める。（教科指導、特別活動、特別支援教育、複式授業またはへき地・小規模校教育等） |
| 7 | 拠点校等の授業参観② | | |
| 8 | グループ検討 | | |
| 9 | 検討交流 | | |
| 10 | 授業参観のための事前検討 | | |
| 11 | 拠点校等の授業参観③ | | |
| 12 | グループ検討 | | |
| 13 | 検討交流 | | |
| 14 | 全体検討会 | | |
| 15 | まとめ | | |

## 4　おわりに

　北海道教育大学における新たな課題解決型授業創設の経緯について振り返り、簡単にまとめた。

　創設から5年目を迎える今、授業内容は各キャンパスにおいて、当初の目的を受け継ぎながらも、新たな課題と学生の実情に応じた変更を加えながら実施されている。

　教員の養成に関わっていると、つくづく教員とは高度な専門職だということに気付かされる。まず、学生は極めて多岐にわたる専門的知識と技能を学ばなくてはならない。それだけで十分なわけではなく、実践の訓練を積むことでその知識・技能を定着させていくとともに、それらを適切に構造化し、どんな子どもに向き合おうと、どんなクラス集団に出会おうと、適切な教育方法と内容（教材）を見付け出して対応できるだけの能力を磨いていく。さらに、職に就いたからといってそれで終わりではなく、職を辞すまで学び続けることが求められる。

　教員は教科の内容を教えるにとどまらず、学齢期にある子どもの発達と成長を促す大事な役割を担っている。現代社会は変化が急速であり、技術革新も加速度的に進行している。それだけでなく、人々の価値観も多様化し、一人ひとりの個性も重んじられる世の中となっている。そのような社会を生き抜く、多様な能力をもった子どもと日々向き合い、一人ひとりの能力を見いだして伸ばしていく教員の役割は、これまで以上に極めて重要なものとなっている。

　今回課題解決型の授業を新たに開発したが、それが高度専門職業人養成にどれだけ効果をもつのかについては、今後の検証・評価を待たなくてはならない。

　最後になるが、教員という仕事は難しさもある一方、達成感、やりがい

を得ることのできる職業でもあると思う。十年後、あるいは二十年後に自分の教え子の活躍を知る感動を味わうこともある。私たちは、そのような尊い職に就こうとしている学生の教育に関わっているのであり、今後も大学のキャッチフレーズでもある "Students first" を意識しながら、教員養成教育の改善に努めていかなくてはならない。教員という高度な専門職業人を養成することは簡単なことではないことを心に留め、私たち自身はプロを養成するプロにならなくてはならないと思う。

注
1)　「プロジェクト会議」メンバー（所属・職位は平成26（2014）年6月時点、○はリーダー）：○伊藤一男（旭川校教授）、松橋博美（函館校教授）、寺田貴雄（札幌校准教授）、萬谷隆一（札幌校教授）、渥美伸彦（旭川校准教授）、川邊淳子（旭川校教授）、廣田健（釧路校教授）、金山正彦（学校臨床教授）、寺田悟（特任センター教授）、小松一保（特任センター教授）。
2)　「大学改革実行プラン」文部科学省、平成24年：
　　https://www.mext.go.jp/b_menu/shingi/chukyo/chukyo4/015/attach/1322565.htm
　　（最終閲覧日　令和3年11月30日）
3)　文部科学省ホームページ＞教育＞大学・大学院、専門教育＞国立大学法人等＞国立大学改革について＞ミッションの再定義＞教員養成分野のミッションの再定義結果＞北海道教育大学：
　　https://www.mext.go.jp/component/a_menu/education/detail/__icsFiles/afieldfile/2013/12/18/1342090_1.pdf（最終閲覧日　令和3年11月30日）
4)　「学校臨床研究」開始時に協力してもらうこととなった連携協力校：札幌市立山の手南小学校、函館市立的場中学校、旭川市立常盤中学校（平成27（2015）年度からは中央中学校）、釧路市立釧路小学校、釧路市立阿寒湖小学校、白糠町立茶路小中学校。

# 第 **2** 章

# 普遍的な教育実践力を高める「教育実践力向上 CBT」の開発と省察的活用の展望

## 1　はじめに

　本章は、「教育実習前 CBT」を発展させた「教育実践力向上 CBT」の活用方法及びその内容的な特徴を捉えることにより、教育実践力の資質向上に資する可能性を捉えることを目的にしている。北海道教育大学の「教育実習前 CBT」は、もともと教育実習の改善と実習効果を高めるために作成したものであるが、この問題集の内容は多面的・普遍的な実践方法論をイメージすることができ、また単なる経験や理論を超え、学校現場の実践に近い「実践理論」を打ち立てている。さらに教育実習前だけでなく、教育実習後・卒業前までの資質・能力の向上にも活用できるものであり、4 年間を通じた連続的な資質・能力を高める条件を有している。

　これらの点からすれば、「教育実習前 CBT」は、すでに実習前の CBT（Computer Based Testing）の内容をはるかに超えており、教育実践力を広範に向上させる "教育実践力向上 CBT" となっている。この CBT を教育実践力の向上を目指す大学教育体系の中で位置付けることができれば、「理論と実践の往還」「実践と省察」をつなぐ結節点としての役割と可能性を高めることができる。このような多岐にわたる CBT の役割と可能性を捉えることを通じて、教員養成における省察的活用の展望を捉えておきたい。

## 2 教員養成課程における教育実習充実化に向けた改革

### （1） 教育実習充実化とモデルコアカリキュラム

　これまでの大学の教育実習はしばしば「積み上げ型」と呼ばれるカリキュラムが多く、知識を学んでから、その上ではじめて実践ができるという考え方であった。これに対して、日本教育大学協会が平成16（2004）年に答申した「理論と実践の往還」型モデルコアカリキュラムは、「反省的実践家論」を基盤としているもので、「理論と実践」「体験と省察」を早い段階から繰り返しながら、段階的・連続的に成長するという考え方である。したがって最初に初歩的な実践をしながら、それに伴う知識も身に付けていくこともあり得る。

　教育実践はとりわけ頭で理解しているだけでなく、自らの行動に反映させなければならない。そのため行動への反映は、考えたことを何度も省察しながら行動変容につなげていくために、長期間を必要とする。また一度に多様な行動変容を遂げられるわけではないために、一つひとつの実践を振り返る「省察」が必要となる。これらの繰り返しにより「学び続ける教師」を養成することができる。

### （2） 「理論と実践」による教育実習再編と「反省的実践家論」カリキュラムの課題

　もともと日本の教育実習期間は、欧米の6～10か月間の実習期間に比べて少ない。そのため、日本の教員養成カリキュラムの中で実践体系を増やしていくことには限界がある。この日本の4年間の在学期間中における効率的な教育実習の配置と教育実習を効果的にする実習の補完的カリキュラムが不可欠となる。

　日本の単位制度の中での「理論と実践の往還」型カリキュラム体系は、ま

ず4年間の中で教育実習を段階的に配置し、実践内容を位置付ける必要がある。一般的に教育実習体系は、短期実習から長期実習へ、簡易的な実習から高度専門的な実習へと段階的な内容を展開する必要がある。また初年次教育としては、早い段階で実践的な内容や現場体験を含めて、動機付けを与える方が、教職への内発的意欲を与えることができる。さらに教育実践を効果的にするために、授業観察・教師目線の観点・教育実践記録の取り方・実習日誌・振り返り・集団的カンファレンス・指導案作成などの効果的な教育活動を工夫していく必要がある。

　同時に、教育実践・教育実習等の教育実践系科目は、大学全体の講義である教職系科目・教科教育系科目・教科内容科目と連動して「理論と実践の往還」型の相関関係を作る必要がある。これらの大学科目は、北海道教育委員会及び札幌市教育委員会が共通して掲げている「教員育成指標」とリンクしながら体系化していく必要がある。

　このように「理論と実践の往還」型カリキュラムは、大学の教育実習体系・講義科目全体をトータルに捉えながら、相互関連と段階的な発展を進めるカリキュラムマップを作る必要がある。

## 3　「教育実習前 CBT」システムの特徴と実習の質保証

　教育実習の効果的な運用は全国の教員養成の課題でもある。教育実習は、学生にとっては重要な成長期間となるが、学校現場にとっては受け入れの負担ともなっており、実践水準や意欲の低い学生が教育実習を行うことは「実習公害」とも揶揄される状況があった。そのため、このような教育実習に出る前に、教育実習事前指導を強化し、実習に出るまでの実践力の質保証を客観化して高める必要があった。

　北海道教育大学では、平成27（2015）年から CBT システムのパイオニア的な開発に着手し、平成28（2016）年に第一次「教育実習前 CBT」問題を

完成させた。開発メンバーとして、教育実習前 CBT 全学運営委員会を結成し、教育実習前検定部会と教育実習前支援アンケート部会で開発を行った。教育実習前 CBT は、知識を問う「教育実習前検定」と学修意欲やソーシャルスキルなどを把握する「教育実習前支援アンケート」の2つで構成されている。この教育実習前 CBT が目指す目的としては、CBT を通じて教育実習参加への意欲の喚起と、基礎的な教育の知識・技能の修得の2つを主な目的とした。

　これにより教育実習の効果をより高めることができるとした。教職への意欲も教育実習の成功度合いによって、大きく変わるために、教育実習がより良く実践できるためにも、教育実習を効果的に遂行できる補完的な指導が不可欠である。北海道教育大学では、この教育実習前 CBT の検定を平成28年度の2年次から実施し、7割を正解して合格することを教育実習に行く要件としている。この第一次「教育実習前 CBT」を試行的に活用した結果に基づきながら、さらに実践力を高める内容や指導方法を工夫していくこととした。

## 4　教育実習前 CBT 問題と教育実践力向上の方向性

### （1）　教育実践に関する問題作成の前提となる観点

　CBT 問題の作成については、知識だけではなく実践的な内容を入れる方向で検討したが、それについてはまず前提となる課題を検討した。

　第1に、CBT における知識の獲得と実践の修得の関係である。実践を行うにしても、むろんある程度知識がなければ実践もできない。ただし、知識の部分を最初に確定しようとすると、あらゆる場面において「知っておいてもよい」という内容まで際限なく広がってしまい、極めてマイナーな部分を含めて知識の領域を拡大しなければならなくなる。この知識を先に確定することに腐心するよりも、学校現場の指導方法の基本的な実践場面を捉えなが

ら、実践場面に関連する知識を併行して捉えていくことにした。

　第2に、CBT の内容と大学講義との関連性と区別である。理論と実践の往還の観点からすれば、むろん大学の講義と連動させるべきであるが、大学の講義で学べないことを教育実習・教育実践の中で学べることが多い。そのため大学で学んだことを CBT 問題にすることも含まれるが、大学で指導できない事象を含めて CBT 問題にすることを重視した。大学で指導したことは大学の講義の試験等でも確認することができる。

　第3に、CBT の内容と教科内容との関連性と区別である。教科内容は各教科・学年ごとに学習指導要領があり、それに沿った市販の問題集も刊行されている。大学の教科専門講義や教科教育講義も、各教科内容を指導している。そのため、これらを改めて CBT 問題に入れるとしたら、既存の教科別・学年別の問題集を全教科にわたって再度繰り返すことになる。そのため CBT で捉える教科との関連性の部分では、学習指導方法や学習指導要領の教科の目標・方法の部分に限定することにした。

　第4に、CBT における法規と実践との関連性である。法規自体は知ることは重要であるが、法規から入るのではなく、実践の中からの必要性によって法規を捉えることにした。例えば、体罰の禁止のような指導の中で絶対に踏まえるべき観点について法規で規定されている部分については、実践問題の延長として捉えることとした。

### （2）　教育実習前と実習後の力量の連続性から見た CBT の目標

　教育実習前 CBT は、もともと教育実習前に実施して教育実習を効果的にするための内容を目指したものである。しかし、実は教員養成における教育実践力の向上を目指す場合に、教育実習前と実習後の実践力の区別は明確ではなく、極めて連続するものである。

　仮に教員免許だけを取って教員にならないのであれば、教育実習だけをこなすことができるようにすればよい。一方、教員養成大学における教師教

育の目標は、最終的に学校現場に資質・能力の高い教師を送り出すことである。教育実習前だけの資質を強調した問題であれば、「学校に入る前の心構え」「教育実習生の指導」のような事前指導だけが強調されてしまう。

　また、教員養成大学は3年次で主免許実習を行うが、その後4年次までも副免許実習や免許法外の実習も多く行うこととなる。教育実習前 CBT の内容は、実習前と実習後は連続するものであり、CBT の問題内容は便宜上区切るものであるが、新卒段階になるまで連続的な成長を目指すこととした。

　そのため、後述のように CBT 問題は、様々な場面の実践力量を高める問題を作成し、その中で、基礎と応用に分類して、問題集を区別することとした。また、学生の力量も多様であり、ある学生にとっては、教育実習前に応用的な CBT 問題を解くことがあってもよいし、別の学生にとっては教育実習後に CBT の基礎的な問題を振り返ることも重要であるという観点で作成することとした。

　このように実践力の向上は、教育実習で終わるものではなく、学び続ける教師の姿勢と目標を身に付けていくことが重要であり、教育実習前 CBT もこのような発想を広げる契機として位置付けるものである。


（3）　教育実習前 CBT で解答できることと実践できることの区別

　CBT はその名称どおり Testing であるため、テストとして解答できることが最低限重要になる。ただ、教育実践は最終的には自らができることを目指すものであるため、頭で理解していることにとどまるものではない。したがって「わかっているができない」にとどまるものではなく、「わかっていてできるようになる」ことを目指すものである。

　そのため、教育実習前 CBT は正解を見付けて終わることを目指すとなると、自らの実践のイメージを膨らませることなく、正解だけを探すようになってしまう。そのため、学生には CBT の正解を見いだすことにとどまらず、自分の実践のイメージを広げるために問題と選択肢を読むように指導す

ることが重要になる。すなわち、正解以外の選択肢を含めて、一つひとつの選択肢が実践内容として適合的なのか否適合的なのかを捉えることが重要なのである。この自分の実践のイメージを広げて取り入れられる問題を解くことは、トレーニング効果を目指すものである。すなわち、CBT は自分が具体的にどのように行動するかを考えさせる「イメージトレーニング」を実践するものである。

（4）　問題集の「基礎編」「応用編」「発展編」の類型化と発展段階的学修

　1,052 題の問題は、内容の種類によって、「教師論」「学級経営」「学習指導・授業改善」「特別支援教育」「生徒指導」「危機管理」「学習指導要領・教育課程」「法規」の 8 つに分類した。複数の分野に複合的に重なる問題も少なくないが、相対的にどちらかの内容に分類しながら、解説でそれを補完することとした。

　さらに、それを発達段階的に捉えるために、教育実習前と卒業前と新卒段階の 3 つのレベルに分類し、それぞれ「基礎編」「応用編」「発展編」とした。そのため、名称は「教育実習前 CBT」と称しているが、教育実習後も新卒段階でも有用な "教育実践力向上 CBT" という位置付けである。このような位置付けを踏まえて、令和 3 (2021) 年度に名称を「教育実習前 CBT」から「教育実践力向上 CBT」に改称した。北海道教育大学では教育実習前のテストに終わらせる CBT ではなく連続的に活用することが望ましいということも学生指導で明記している。

　CBT の 1,052 問の中の「基礎編」177 問と「応用編」503 問の 680 問（令和 3 年度用）を冊子にして教職を目指す全学生に配付し、持ち歩いて事前学修できるようにしている。このような日常的な活用の観点からすれば、CBT の T は Training として捉え、Computer Based Training の略となる。テストとしての CBT は、「基礎編」の内容から 50 問を出題して試験を実施している。

「基礎編」の問題は、教育実習に臨む必須の問題として位置付けているため、自学して理解を深めるためにも、1問ごとにすべて解説を付している。「基礎編」の解説内容は、正答理由や誤答になりやすい選択肢の留意点を学べるようにしており、学生が問題内容と解説を照らし合わせて自分でも省察できるようにしている。

「発展編」の冊子は、4年次の希望者だけ配付している。「発展編」は、学校現場に出る前の学修内容にもなるもので、学生段階の基礎的な力をさらに発展させるために用いている。「基礎編」「応用編」「発展編」の問題内容・問題数は学生の検査結果を検討しながら、毎年入れ替えたり修正したりしている。また近年重要な課題となっている危機管理や特別支援教育等は、新たに重視する必要があるので、現代的な教育課題に応じて問題を追加している。

（5） CBT 試験の実施方法と学生の評価

CBT 試験の実施方法は、平成 30（2018）年度から 168 問の「基礎編」の中から、50 問を 8 領域ごとにランダムに出題する。試験時間は 1 時間で、50 問中の 7 割を正解することで合格し、教育実習に行けることとしている。教育実習は 3 年次で実施するために、キャンパスによって異なるが、2 年次の 2 月から 3 月に問題集の冊子を配付し、3 年次の 6 月頃までに CBT 試験を実施している。その間に、学校臨床教授・准教授が教育実習事前指導や CBT 説明会等で、CBT 問題集の目的・内容・学修方法等を解説し、自学自習を促している。

令和元（2019）年度までは大学のコンピュータ室等を活用して、一斉に試験を行う方式で CBT 試験を実施したが、新型コロナウイルスの影響もあり、令和 2（2020）年度からは自宅等の大学外のコンピュータやスマートフォンからアクセスして試験を受けられるようにした。

合否は解答直後に自動判定システムで判定できるために、すぐにその場で自分の得点は判定できる。不合格者に対しては、合格点を取るまで繰り返

し試験に取り組むこととしている。万一合格点に達しなかった場合には、再試験や課題提出で指導している。北海道教育大学では、CBT は試験として落とすことを目的とするというよりも、これを通じて実践的な内容の学修を意識化させることを主眼としている。CBT の試験は一つの通過点であるが、CBT を活用して日常的に省察を深めていくことが実践力の向上にとって最も重要である。このように CBT 試験結果が教育実習に行ける条件となるために、日常的に CBT を意識して学ぶことになる。

　令和2年度の教育実習では新型コロナウイルスの影響により、当初予定していた教育実習が困難になったため、暫定措置として一部教育実習の補完として CBT を活用できるようにした。ただし、CBT はあくまで教育実践機会と併行して学ぶものであり、教育実践機会をすべて CBT に代替し、CBT だけで教育実践力を高めることを目指すものではない。

　CBT 試験実施後の北海道教育大学学生の令和2年12月の評価は、「教育実習前 CBT に取り組むことにより、教育実習への心構えができたと思いますか」の問いには、「そう思う」39%、「ややそう思う」53%で、合計92%が肯定的に評価している。「学校現場での指導をイメージしたり、指導上求められる基礎的な知識や考え方を確かなものにしたりすることができたと思いますか」の問いには、「そう思う」35%、「ややそう思う」49%で、合計84%が肯定的に評価している。特にどの分野でイメージできたかを質問した回答としては、「教師論」「危機管理」「学級経営」「生徒指導」が多かった。これらの分野は大学の講義科目としても実践的に手薄な部分である。

## 5　CBT 問題集の発展的活用と汎用的な実践力の育成

### （1）　CBT 問題集の解答を超えた活用と汎用的な実践力の育成

　CBT はテストではあるが、これらをテストとしての利用に限定すると、学生は単に選択肢の中から正解を選ぶことにとどまってしまう。選択肢を選

ぶ過程で重要なことは、①自分の見聞きした経験を超えて多様な方法があることを認識すること、②そしてそれを自分ならばどのように具体的に行動するかをイメージすること、が重要である。このような自分自身の実践をイメージする力の育成、すなわちイメージトレーニング力が、学校現場に出たときに多様で臨機応変な対応ができる即戦力につながっていく。

　北海道教育大学のCBTは、CBT問題集で事前に学修しながら、選択肢を通じて対応方法の幅を広げ、個々の選択肢を自分の頭の中で具体的に「どのように声をかけるか」「どのように対応するか」などをイメージしていくように指導している。さらに、必ずしもこの選択肢に限定されるものではないために、この選択肢を基盤にしながら「自分でアレンジできるか」「他の方法はあるか」などを考えるように指導している。

　このような自分の実践をイメージする力は、学校現場での経験を敷衍し、自分のこれまでに描いていた実践方法を広げるために、学校現場での個人的経験を補完し普遍的で実践的な指導力に高めていくことができる。若い教師は経験が少ない分だけ、想定できる実践メニューが少なく、経験を超えたイメージを膨らませることができることで、想定できる方法が広がっていく。

## （2） CBT問題集を活用した講義・演習・セミナーによる段階的な実践力の育成

　CBT問題集の活用は、現在は3年次の必須科目「学校臨床研究」や4年次の選択科目「教職実践研究」において、一部CBT問題集を活用している。また教育実習の事前指導・事後指導において活用している。一方、教職科目等のカリキュラムに、CBTを全面的に活用した授業をまだ入れることができていないが、現在CBTを活用した「省察」を発展させる科目を検討している。令和3年度の段階ではまだCBT問題集を全体的に活用する学修は、基本的には自主的に学ぶ学修活動として位置付けている。

　このCBT問題集は、自分の実践的な指導方法の枠を広げ、多様な方法を

会得することができる学修資料になるもので、実践経験の拡大と合わせてイメージトレーニングや省察の媒介となる。このCBTを1年次から4年次にかけて、実践経験と合わせて、講義・演習・セミナー等でどのように体系的に活用していくかが今後の課題となる。教育実習前だけでなく、入学後の早い段階で学校現場に入る時点で、CBTの多様な実践方法に触れ、自らの実践方法のイメージを広げることは、教職への動機付けになる。また大学講義と結び付けて学修することは、大学の理論科目と実践を結び付けて大学講義を学修する動機付けとなる。

　CBTを活用した講義・演習・セミナーでの活用や指導としては、CBTの事前解答・学生相互の解答合わせ・学生相互の意見交換・正答確認・誤答根拠の解説・各自の振り返り・今後の対応予測、などの指導が含まれてくる。講義・演習・セミナーの中では、とりわけ間違いやすい問題や実践しにくい問題に関して、学生同士の議論や誤答の解説等が特に重要になる。それぞれの指導にどの程度の時間を振り分けられるかは、指導の仕方によって変わってくる。

　このCBT問題集の具体的なカリキュラム・活用方法については、教養科目による初年次の動機付けとしての活用、2〜3年次の教職系科目における活用、4年次の教員採用前の「教職実践演習」やセミナーなどでの活用等が考えられる。CBTを活用した科目・指導時間に関しても、本来的には教員養成の全教育課程の再編の中で位置付けることが重要であるが、CBT問題集の内容が極めて教職全般にわたる網羅的で実践的な内容を含んでいるために、CBTを活用した単独の科目自体としても体系的に捉えていくことは有効であろう。

　CBT問題集の活用方法については、各キャンパスでカリキュラムが異なるために、今後キャンパスごとに活用方法と指導体制を検討し、CBT活用型授業を創設・実践することが重要になる。

## （3）　CBT 内容の e-learning 教材の開発と活用

　CBT はテストであったので、もともと大学のコンピュータ室等で一堂に会して試験を受けるという方式で開発された。この CBT 問題集を活用して自学自習を含めたトレーニング教材として活用するためには、日常的に携帯し活用できる CBT の e-learning 教材を開発する必要がある。すなわち、冊子で配付すると同時に、いつでもインターネットにアクセスして、少しの時間を活用してでも自分で解答し、解答と正答を比べながら省察していく必要がある。このようにインターネットを介して解答することができれば、スマートフォンさえあれば少しの空いた時間に問題を見て解答できる。

　仮に 1,052 題の問題に対して、解答と反省を含めて 1 問 5 分ずつ当てるとすれば、100 時間を要することになるが、空き時間に 1 日 4 問ずつでも解いていけば、300 日で解答できる。1 日 4 問ずつであれば、通学や休み時間等の中で解答することができるため、少しずつイメージトレーニングをして行動様式に定着しやすい。解答が終わった項目にコンピュータ上でチェックマークを付ければ、最終的に 1,052 題の問題を順次解答することができる。

　解答順番は、基礎編・応用編・発展編と順番に解答してもよいし、「学級経営」とか「学習指導・授業改善」とかの興味ある領域だけを先に解答することもできる。これらは学修者にとって長続きする学修方法である。

　一度全部を解答すれば、学校教育の実践的な課題に対してほぼ網羅的に対応する必要性を意識化できる。そして学校現場で、類似の実践的な課題に直面することになれば、再び CBT 問題集を開きながら、直面する実践的な課題に対応する方法論を再度見直すことができる。また 1 度ならず 2 度 3 度解答してみると、正解・誤答の状況や具体的にイメージできる方法論なども変わってくる。このように e-learning を通じて何度も学修できる環境があれば、実践経験を増やしながら、具体的な実践方法論の対応力を徐々に発展させることができる。このことが、日常的な「省察」となる。

　北海道教育大学では、令和 3 年度に e-learning のシステムを開発してお

り、具体的な活用方法を検討し、試行しているところである。

## 6　おわりに

　以上捉えてきたように、CBT の作成は、教育実習前の資質の向上を目指して作成を開始したが、1,052 題を作成することで CBT は教育実習前・実習後・卒業前及び新卒時の実践力を向上させ、広範な教師の資質・能力を向上させる省察ツールとして位置付いてきた。CBT 問題の作成過程では、単に個人の経験ではなく、学校現場経験者や専門家の中で協議し普遍化する中で、経験主義を克服し、普遍的な「実践理論」を構築していくものとなった。これらの問題を解く学生は、自身の個人的経験の枠からイメージを広げ、多様な方法があることに気付く。そして、多様な選択肢の方法を自分の中に取り入れられるようにイメージトレーニングを行う。このイメージトレーニングの学修は、テストとしての CBT だけでなく、トレーニングとしての学修であり、多様な指導方法等を会得する実践的資質を向上する過程でもある。

　この CBT は、他大学にも少しずつ広がりつつあるが、その意味では CBT を媒介にして全国の教員養成課程を有する大学の牽引役も担っている。また北海道教育委員会・札幌市教育委員会と連携して初任者研修での活用も実施しているが、これにより養成段階と採用・研修段階が結びついた一体的改革を目指すものとなっている。

　今後、本学の学生や地域の現職教師、全国の大学でのより一層の有効活用を通じて、CBT が教師の教育実践力と教育界全体の教育水準を向上させ、そして「理論と実践の往還」「実践と省察の往還」を深める結節点として位置付くことが期待されている。北海道教育大学は CBT のさらなる開発と省察的活用を通じてその先導的な役割を果たし、教育改革の先鞭を付けていく担い手を目指すものである。

# 第 3 章
# 学校臨床研究及び教職実践研究の概要、成果と展望

## 1 はじめに

　ここでは、北海道教育大学における「学校臨床研究」と「教職実践研究」という2つの科目の概要とこれまでの成果及びこれからの展望についてまとめる。具体的な授業内容や活動の紹介は第2部及び第3部で取り上げる。

　まず、本学は5つのキャンパスで構成されており、札幌校・旭川校・釧路校に教員養成課程が置かれ、函館校には国際地域学科、岩見沢校には芸術・スポーツ文化学科が置かれている。教員養成を担うのは教員養成課程であるが、2つの学科も地域学的側面や芸術・スポーツ・文化的側面などから本学の教員養成を支える役割が与えられている。5つのキャンパスのうち、カリキュラムの中に「学校臨床研究」と「教職実践研究」を設けているのは、教員養成3キャンパスと国際地域学科地域教育専攻の4つの組織であり、平成26（2014）年から27（2015）年にかけて授業化に向けた準備がなされ、平成28（2016）年度に試行、そして平成29（2017）年度から本格実施されてきた。

　上記2つの科目は、附属学校や連携協力校を活用した実践的能力の育成や教科・教職科目を有機的に結び付けた体系的な教育課程を通して、実践型教員養成への質的転換といった教員養成分野におけるミッションの再定義の具

現化を図る授業である。その背景としては、中教審答申において「これから
の教員に必要な能力」として探究力・自主的に学び続ける力・新たな学びを
展開できる実践的指導力を兼ね備えた教員の養成が求められていることが挙
げられる。

　実践的指導に軸足を置いた上記科目は、現在、大きな成果を上げつつあり
学生の満足度も極めて高い。これからの教員養成に強く求められる教育的要
素を含んでいることは間違いなく、現在進められている教育のデジタル化に
おいても迅速に対応でき、学生のスキルアップに貢献しうる素地をもってい
る。また、最近全国的に心配されている教員志望者数の減少や教員採用試験
の倍率低迷に対しても、「学校臨床研究」や教育実習において何らかの手立
てを講じられる可能性があり、本学の教員養成において「学校臨床研究」の
ような実践的科目や実習活動は、今後もその重要性をますます高めていくと
思われる。

## 2　学校臨床研究の位置付け

　本学では、第3期中期目標期間における中期計画を受けて学校臨床教授等
が配置され、「学校臨床研究」と「教職実践研究」が導入された。導入を後
押しした中期計画の取組は、次の2つである。

○　学生の主体的・能動的学修を実質化するため、（中略）双方向遠隔授
　　業システムのノウハウを生かしつつ、学校現場の活用も見据えた教育
　　方法の改善（アクティブ・ラーニング、ICT教育の導入等）に取り組
　　み、学生の学修時間を確保・増加させる。

○　教員養成課程及び学科のアクティブ・ラーニングなどを担当する、実
　　務経験豊富な教員（学校臨床教授等）を増やし、また、教育実習やイン
　　ターンシップなどの現場での指導に当たる教員（教育実践コーディネー
　　ターなど）を新たに配置して、学生教育の質向上を図る。

　これらの計画に沿って、上記科目の目標が次のように設定されている。


（1）　学校臨床研究

　主免実習後（旭川校は実習前）の３年次を対象に、双方向遠隔授業システムによって配信される附属学校、拠点校、小規模校での授業を視聴し、教育フィールド研究や基礎実習、教育実習等で自覚した授業実践上の課題や新たに見付けた課題の解決を目指した授業研究を通して、学級経営力や授業分析力、授業運営力等、実践に必要な知見のさらなる習得及び一層の伸長を図る。


（2）　教職実践研究

　教育実習や「学校臨床研究」などを契機として、教科指導や生徒指導、学級経営等の教育実践に関わる学士論文等の作成を志した学生が、各自で設定した課題に基づき、主として学校現場を対象に理論的・分析的な省察を通して、学級経営力・授業観察力・授業運営力、実践に必要な知見のさらなる習得及び能力の一層の伸長を図る。

　いずれの科目においても教育実習とのつながりや実践的な力の育成が強く意識されている。これらの科目のカリキュラム上の位置付けは、教員養成課程においては教職課程コアカリキュラムの「教育フィールド科目」であり、国際地域学科地域教育専攻においては重要な専攻科目の一つとなっている。「学校臨床研究」は３年次の必修科目、「教職実践研究」は４年次の選択科目として置かれており、次の２つの図でその配置を示す。図3-1は教員養成課程の代表的な専攻のものであり、図3-2は地域教育専攻のものである（●印は必修を意味し、科目の右に書かれた数字は単位数を示す）。

　これら２つの科目の重要性が認識される中で、今後関連科目の増設や２年次からの導入も検討していく予定である。

| 科目区分 | 1年 | 2年 | 3年 | 4年 |
|---|---|---|---|---|
| 教科及び教科の指導法に関する科目 | （省略） | （省略） | （省略） | （省略） |
| 教育の基礎的理解に関する科目 | ●教職論 2<br>●教育の基礎と理念 2<br>発達と学習 2 | ●教育の制度・経営と社会 2<br>●特別支援教育 2 | | |
| 道徳・生徒指導等に関する科目 | ●道徳の理論と指導法 2 | ●教育課程と教育方法 2<br>●生徒指導・進路指導の理論と指導法 2 | ●教育相談の理論と方法 2<br>●特別活動・総合的な学習の時間の理論と指導法 2<br>情報教育実践論 2 | |
| 教育実践に関する科目 | ●基礎実習 1 | | ●教育実習事前事後指導 1<br>●教育実習（初等）I 4 | 特別支援教育実習 3<br>教育実習（中等）II 2<br>教育実習（初等）III 2<br>教員採用前実習 1<br>●教職実践演習（幼・小・中・高）2 |
| 教育フィールド科目 | 教育フィールド研究I 2<br>教育フィールド研究II 2<br>へき地教育指導論 2 | 教育フィールド研究III* 2<br>（介護等体験含）<br>教育フィールド研究IV* 2<br>へき地校体験実習I 2 | へき地校体験実習II 2<br>●学校臨床研究 2 | 教職実践研究 2 |

※ 教職課程コア科目／専門科目

図3-1　教員養成課程における「学校臨床研究」等の配置例
「令和3年度北海道教育大学教育学部教員養成課程（札幌校）履修基準より抜粋」

| 科目区分 | | 1年 | 2年 | 3年 | 4年 |
|---|---|---|---|---|---|
| 重点科目 | 異文化理解科目 | ● 国際教育協力論 2 | 異文化理解Ⅰ 2 | 異文化理解Ⅱ 2<br>外国語活動のための実践英語 2 | |
| | 特別な教育的ニーズ科目 | ● 障害児心理入門 2<br>● フィールド研究Ⅰ（フレンドシップ）2 | | | |
| 専門科目 | 専攻科目 | ● 発達と学習（初等）2<br>● 教職論（初等）2<br>● 教育の基礎と理念（初等）2<br>● 特別支援教育（初等）2<br>● 初等国語 2<br>● 初等社会 2<br>● 初等算数 2<br>● 初等図画工作 2<br>（その他省略）<br>教職基礎演習 2<br>（その他省略） | ● 教育の制度・経営と社会（初等）2<br>● 道徳の理論と指導法（初等）2<br>● 初等国語科教育法 2<br>● 初等社会科教育法 2<br>● 初等算数科教育法 2<br>● 初等理科教育法 2<br>● 初等生活科教育法 2<br>● 初等音楽科教育法 2<br>（その他省略）<br>へき地・複式教育論 2<br>複式教育演習 2<br>（その他省略） | ● 教育相談の理論と方法（初等）2<br>● 教育課程と教育方法（初等）2<br>● 生徒指導・進路指導の理論と方法（初等）2<br>● 特別活動・総合的な学習の時間の理論と指導法（初等）2<br>● 教育実習事前事後指導（初等）1<br>● 教育実習（小学校）4<br>● 学校臨床研究 2<br>（その他省略）<br>学習社会論演習 2<br>（その他省略）<br>フィールド研究Ⅱ（僻地・複式教育）2<br>（その他省略） | ● 教職実践演習（幼・小）2<br>教職実践研究 2<br>（その他省略）<br>（その他省略）2 |

図3-2 地域教育専攻における「学校臨床研究」等の配置

「令和3年度北海道教育大学教育学部国際地域学科（地域教育専攻）履修基準より抜枠」

## 3　学校臨床研究の概要

　「学校臨床研究」では、学生が自覚した教育課題を持ち寄り、小グループで共有し議論することで、学生自らが学生なりの課題解決策を考え出すようにしている。その後、附属学校や拠点校等から課題に応じた授業が双方向遠隔授業システムを通して配信され、学生がその授業を視聴し、授業者と質疑応答を行うことで疑問を解決できるようにしている。

　学生にとっては、自分の課題をもった上で解決や探究をしていくことで教育実習前後に感じた不安や悩み、課題を自分の視点としてもちながら、仲間と一緒に高め合っていくことを感じることが期待できる。

　配信される授業は、学生が持ち寄った実践上の課題の解決に資する内容のものとしている。校種や教科等の特性によらず汎用性の高い実践に必要な知見の習得に寄与するものとしているため、配信する授業は、どの校種や教科であっても十分な効果を期待することができる。したがって、附属学校や拠点校に授業配信の依頼をする際には、授業の学年や教科について指定していない。

　授業の提供は、ライブや録画による形式で、附属学校や拠点校から1～3つの授業を想定している。すべての授業をライブ形式による視聴となると、クラスによって異なる授業の視聴になったり、附属学校や拠点校への負担感につながったりすることから、ライブで配信された授業を録画したり、あらかじめ附属学校や拠点校に出向いて録画したりしたものを提供することにしている。

　授業者との質疑応答は、授業視聴直後に双方向遠隔授業システムを用いて行うことを基本としている。授業の視聴や指導案の読み取りだけでは捉えることができなかった指導の意図や工夫について、授業者に直接質問し、回答を得ることで理解できるようにしている。授業者に質問する前には、まずは視聴後にグループに分かれて授業分析し、課題について学生同士で気付いた

ことを話し合う場を設けた上で、翌週の授業において授業者と質疑応答する場を保証するようにしている。

　学修の成果は、レポートとして個人でまとめたり、同じ課題で編成したグループごとに模造紙やパワーポイントなどにまとめてクラス全体で発表し、共有したりするようにしている。

## 4　教職実践研究の概要

　教職実践研究では、学生が教育実習や「学校臨床研究」などの成果や課題を基に設定した研究テーマに基づき、学校現場で臨床研究を行い、研究結果の省察を通して新たに見いだした課題の解決に向けた方策を検討することとしている。

　学生にとっては、教育実習を通して身に付けた実践力をさらに深めたり、教育実習等では把握できなかった新たな課題に気付いたりして、今後の教職に向けての努力目標を自覚することが期待できる。また、実践的な学士論文等を仕上げるための具体的なテーマを設定し、必要な手続き、研究方法を身に付けることを目標として設定している。

　授業担当者は、上述の「学校臨床研究」と同じである。それぞれのもつリソースを生かして研究フィールドとなる学校に学生の受け入れを依頼し、教科指導や生徒指導、学級経営等の教育活動の観察や学習支援ボランティアなどを通した教育活動への関与などが実現できるようにしている。また、学士論文等の指導は学生指導教員が行うこととし、学校現場との連携など必要に応じて協力するようにしている。

　学修形態は演習を中心とし、研究方法は学校現場での臨床研究としている。履修を希望する学生は事前にガイダンスを受け、講義内容及び学校現場における実現可能な臨床研究の内容・範囲を把握した上で自身が希望する学修内容と条件が合った場合にのみ、受講登録するようにしている。受講人数

は、担当教員一人当たり7名程度を上限とし、希望数が上回る場合は、研究テーマなどによって選抜することとしている。

## 5　学校臨床研究及び教職実践研究の成果

　本学における「学校臨床研究」と「教職実践研究」の意義は、学生の教育実習を支えることはもとより、実践的教員養成や学校現場との連携強化、学生の実践力の向上にある。具体的な成果については第9章と第15章で詳しく述べられているので、ここでは現在公表されている報告書等に基づき、成果の概要を簡潔にまとめる。

　まず、令和元（2019）年度に本学でまとめた自己評価書においては、次のように成果を述べた。

　本学ではアクティブ・ラーニング型授業「学校臨床研究」及び「教職実践研究」について、教育方法の改善の取組として、受講学生からの要望等を踏まえ、令和元年度から旭川校において、教育実習の前に学びを深める観点から「学校臨床研究」の開講時期を3年次後期から3年次前期に変更し開講した。また、「教職実践研究」の授業内容の見直しを行い、学校現場での臨床研究に加え、教育研修センターと連携し、受講学生が教育研修の場に参加する取組を加えた。
　令和元年度の受講学生アンケートでは、授業内容について「学校臨床研究」が「非常に満足」「満足」が90.0%、「教職実践研究」が「非常に満足」「満足」が96.2%と好評だった。

　受講学生アンケートでは十分に多くの回答を得ており、満足度は意味のある数字である。一般的な授業においてこのように高い満足度が得られることは特別なことであり、学生への反響の大きさを示すものである。

　次に挙げるのは令和2（2020）年6月に本学がまとめた「中期目標の達成状況報告書」からの抜粋である。一部で上記と重なる記述もあるが、学校臨

床教員の活動等にも触れている。

　主体的・能動的学修を実質化するため、アクティブ・ラーニングの手法を用いた課題解決型の授業「学校臨床研究」（教員養成課程）を 2017 年度に開設した。本授業では、双方向遠隔授業システムのノウハウを生かし、大学と小中学校を接続して授業をライブで参観した上で、授業者との質疑応答を通して授業者の意図を理解するとともに、積極的な意見発表や協議を行う。これにより、教育実習等を通じて把握した「各自」の教育課題に対し学生「自ら」が課題解決の糸口を見いだすことで、実践的授業力を高めることを目的としている。

　豊富な実務経験を有する学校臨床教員（教授又は准教授）については、2016年度に教員養成課程又は教職大学院に 6 名配置していたが、2018 年度に 1 名増員して 7 名体制に拡充した。学校臨床教員は、必修科目「学校臨床研究」週 3 コマ及び選択科目「教職実践研究」週 1 コマを担当し、教員養成課程における実践的指導力の強化に携わっている。
　「学校臨床研究」は、アクティブ・ラーニングの手法を用いた課題解決型授業であり、双方向遠隔授業システムで接続した附属学校、公立学校及び小規模校の授業をライブで参観し、授業者との質疑応答を通して学生自らが課題解決の糸口を見いだすことを目的としている。
　「教職実践研究」は、学校臨床研究での学びをさらに深め、学士論文等のテーマを探究する授業である。学校臨床教員はこれら授業の担当に加え、教育実習前の段階で基礎的な知識や心構えを身に付けさせることを目的とした教育実習前 CBT の実施と拡充に携わり、2019 年度に 1,000 問を超える問題を作成した。

　このように、学校臨床教員は、学校現場において即戦力となる知識や指導方法の教授はもとより、豊富な現場での指導経験を生かして、学生たちに自ら把握した課題に対し教師として学び続けることの大切さや教員の魅力を伝えており、教員養成課程の人材養成の目的である「学校教育現場の多様な課題に対応でき、教育実践を創造的に展開する教員」の実現に向けた学生教育の質向上に対して非常に大きく貢献していると言える。すなわち、実務経験

の豊富な教員を配置することにより、理論と実践の往還を実現したカリキュラムの実質化が促進されている。

　また、令和2年度に入って日本でも新型コロナウイルス感染症が急速に広がり、大学の授業においても遠隔化・オンライン化への対応が慌ただしく始まった。その時に真っ先に対応できた部署の一つが学校臨床研究である。それは、学校臨床教員が普段の授業から遠隔操作を用いた双方向遠隔授業を行っていたことで、遠隔授業に対する準備が整っていたという理由もあるが、どんな状況下にあっても授業を続けるという熱意を学校臨床教員が人一倍もっていたこともあったと考える。

## 6　学校臨床研究及び教職実践研究のこれからの展望

　最後に、今後の学校臨床教員への期待や「学校臨床研究」や「教職実践研究」の方向性等について簡潔に述べたい。

　GIGAスクール構想が推進され「令和の日本型学校教育」の構築に向けた議論が高まりを見せる中、これからの学校教育や学校教員には新たな課題への対応や新しい教育スタイルへの変革等が求められている。特に、ICTの活用を含めた「個に応じた指導・支援」や「協働的な学び」について、学校現場ではその実現に向けた検討が進められ、教員養成大学ではそれを担うことのできる教員を養成できるようカリキュラム改革等に着手することになる。改革すべき点はたくさんあるが、子どもたちの可能性を引き出す教育方法の開発や子どもたちの多様性に向き合うことのできる幅広い人間性の涵養など、学校現場での経験や具体的な体験からの知見が重要となる課題は少なくない。そのような課題に向かうとき、学校臨床教員の経験や知見が大いに役立つはずであり、学生も理論と実践をセットで学ぶことで教員としての自信を身に付けられると考える。

　「学校臨床研究」や「教職実践研究」の内容については定期的に見直しを

進めており、今後も学生からのニーズを踏まえて開講時期や授業形態等を含めて改善に取り組んでいく。特に、ICT教育への対応が急がれることから、上記科目の中でもICTの活用を授業内容に取り入れることを検討したい。GIGAスクール構想の推進に関して、本学では令和2年10月に「未来の学び協創研究センター」を設置してデジタル化への対応を進めている。このセンターには学校臨床教員も加わっており、アクティブ・ラーニング教材の開発等における研究成果を「学校臨床研究」等で活用することが可能である。

　一方、教員養成における「教育実習」の重要性が揺らぐことはなく、今後もさらなる充実に向けた改革を着実に進めていきたい。教育実習の影響力については、本学のIR（Institutional Research）センターにおいて行った学生の教員志望動機の変化に関する分析からも明らかになっており、学生の変化に大きな影響を与える要素として、「教育実習」「教員イメージ・教員のやりがい」「Grit（やり抜く力）」の3つが判明した。この中で、「教育実習」と「教員イメージ」については学校臨床関係の授業や指導を基に検討することができ、改善策をすぐに授業に取り入れることも可能である。教育実習については、その質と量をどのように向上させるべきか、現場経験の豊富な教員の知見も取り入れながら様々な角度から検討を行う必要があるが、その検討結果は「学校臨床研究」の授業内容やカリキュラム上の位置付けにも影響すると考える。

　また、学校現場では、社会の進歩や変化のスピードに対応すべく、時代の変化や自らのキャリアステージに応じて必要な資質能力を生涯にわたって高めていくといった学び続ける教員が求められる。北海道教育委員会では、教員の指導力向上を最優先の施策の一つに位置付けて取り組んでいて、「北海道における教員育成指標」を策定し、教員養成段階や初任段階で求める教員像やキーとなる資質能力を示している。「学校臨床研究」や「教職実践研究」においてこの資質能力の育成を目指し、学生が自ら設定した課題の解決に向けた学修を通して、学びに向かう力を獲得し、初任段階から教員として十分

に力を発揮し、しっかりと職務を果たすことが期待される。

　これらの状況から、本学における「学校臨床研究」と「教職実践研究」への期待は大きい。これらの科目を担当する学校臨床教員はすべて現職経験をもった教員であり、学生からの信頼も厚く、「令和の日本型学校教育」を構築する上でも不可欠な存在と考える。本学の教員養成課程全体では現職経験をもつ教員の比率が4割弱で推移しており、今後もその維持・向上に努めるとともに、「学校臨床研究」を支える教員の安定的な確保によって教員養成の質の向上につなげていきたい。

# 第**4**章

# 学校における人材育成と教員養成への期待
― 子どもを愛し、教職に誇りをもてる学びを ―

## 1 は じ め に

「教育は人なり」…

　人が人を育てる場所が学校であるならば、教師は、未来を創る子どもを育む重要な仕事であり、子どもの人格形成に大いに関わる、まさに「聖職」である。それは、教育行政の中でよく言われる「一人の優れた教員は、百の施策に勝る」という言葉にも表れている。

　近年、各自治体の教育行政においては、教員採用試験の受検率の低下が課題となっている。文部科学省の調査によると、公立小学校教員採用選考試験における採用倍率は、平成12（2000）年度12.5倍だったのが、令和元（2019）年度は2.8倍と低下傾向が続いている。こうした状況を目の当たりにすると、少なからず将来的に教員の質の低下を招きかねないという懸念を抱かざるを得ない。

　一方で、志願者が減少する中、教員採用者数は高止まり傾向にあり、札幌市立小学校においては、ここ数年、平均すると概ね1校に1人以上の新規採用教員が配置される状況であり、学校における人材育成が大きな課題となっている。

　こうした背景を踏まえ、本章では、筆者が勤務する学校での取組を基に学

校における人材育成とそれを踏まえた上での教員養成大学への期待について述べる。

## 2　現状と課題

　札幌市においては、ここ数年、各学校に教員の定数欠が生じた場合、すぐに臨時的採用教員を配置できないという、いわゆる「教師不足」の状況があり、このことは、教員採用試験の倍率の低下とは違い、すぐに学校運営に影響を及ぼしかねない大きな課題となっている。これは札幌市に限ったことではなく全国的な課題でもあり、産休・育休、介護など、様々な要因が考えられるが、特に病気休職者や若年退職者が増加傾向にあることが懸念される。

　文部科学省の報告によると、平成30（2018）年度全国の公立学校の教員の精神疾患による病気休職者は、5,212人（全体の0.57%）に上り、過去10年間にわたり、500人前後増え続けている。休職の主な理由には、保護者対応のストレスや超過勤務などが挙げられており、教員の個人的な資質能力、精神的な弱さが指摘されるが、あわせて、業務過多など、勤務状況や職場環境のマイナスイメージが、教員志願者の減少にも関連していると思われる。

## 3　学校における人材育成

　こうした中、札幌市教育委員会の教職員相談室では、1学期に新規採用教員を対象に相談・面談を行っている。また、学校においても校長が、着任間もない新規採用教員全員と面談をし、教員としての抱負や学年・学級経営の方針、校務分掌での役割と期待などについて話し合い、本人が1年間の自己目標を主体的に立案できるように助言するとともに、業務以外の生活面や人間関係等での悩みに傾聴し、アドバイスをするなどして、メンタルヘルスにも配慮している。年間を通して校長は、このような面談を適宜、複数回実施

し、新規採用教員の状況把握ときめ細かな指導に努めている。

　教員になることを夢見て教職に就いた将来ある若い教員が、教員としての「やりがい」や「教師冥利」を味わうことなくリタイアしたとしたら、それは校長として極めて残念なことである。校長の間でよく話題になるのは、「今の若い先生は、真面目で一生懸命だけど、うまくいかないと落ち込み、孤立し、タフさに欠ける」という寸評である。その「うまくいかない」とは、具体的にどういうことなのか、以下のようなことが考えられる。

---

○生徒指導

　　学習指導は、教材研究など準備をして臨めるが、生徒指導は、突発的に起こり、個別の事案で即時指導が求められるため、自信をもって指導できないことがある。また、よいと思って指導したことが後々問題となり、さらに自信を失いかねない。

○保護者対応

　　対象が自分より年上の場合が多く、断定的、威圧的に話をされると、自分の考えをうまく伝えられず、冷静に対応することができないことがある。謝罪を求められると、事実によらないことでも謝罪してしまうことで問題を一層複雑にしてしまうことがある。

○同僚や上司との関係

　　自分の力のなさを指摘されはしないかと、相談内容の評価が気になり相談することを躊躇してしまうことがある。特に、失敗したことや子ども・保護者とのトラブルはそのようになりがちである。

○職場に居場所がない

　　職員とうまくコミュニケーションがとれず、ストレスを抱えこんでしまうことがある。これは若い教員に限らず、転勤などで職場環境が変わったことで、周りになじめず孤立感を意識することもある。

---

　北海道教育委員会及び札幌市教育委員会では、「教員育成指標」を掲げ、

各学校に研修の充実を求めている。札幌市小学校長会においても、令和2（2020）年度から「人材育成」を中心に研究・研修する組織を新たにつくり、キャリアステージに応じた人材育成の在り方を探ることとしている。令和2年度は、新型コロナウイルス感染拡大予防の対応から、教育委員会による法定研修はもとより、様々な研修が実施できない中、学校での校内研修による人材育成が一層重要になっている。

### （1）　初任者へのフォロー

　札幌市立小学校は、おおよそ4月6日に始業式や入学式が行われる。担任は、着任1週間足らずで、ベテラン教諭と同じように子どもの前に立ち指導を行う。子どもとの出会いや新学期始めの指導が重要とのことから、校長は、始業式初日から数日をいわゆる「黄金の3日間」と称し、指

図4-1　学年研究

導の重要性を説き、新規採用教員にエールを送る。新規採用教員は、着任の緊張も冷めやらぬ中、先輩教諭にリードされながら新学期に向けての準備に追われ初日を迎える。子どもの前に立つ喜びを味わいつつ、怒濤のような1週間を終え、誰もが今までに感じたことのない疲労感を味わうものである。

　3月に大学を卒業したばかりの"新米教師"であっても、4月初日からプロの教師としてのフルスペックを子どもや保護者から求められる重圧は想像に難くない。あるいは、校長はじめ先輩教諭からの助言や期待が逆に負担に感じていることもあるのかもしれない。一般企業でも実施しているように、学校においても新規採用教員をフォローする研修の充実が必要だと感じる。

### （2） キャリアステージに応じた校内研修・OJT の充実

　本校の教育理念は、「自主自学」の精神である。それぞれが自己実現に向けて学び続けることができるよう、一人ひとりの個性を尊重することを大切にしている。その精神は、子どもだけでなく教員も同じであるとし、長年にわたり教職員の研鑽にも重点を置いている。

　新規採用教員の一人は「市教委の初任者研修は、同じような悩みや課題をもっている者同士が気軽に話し合うことができるよさがあり、職場での研修は、身近な先輩から新しいことが学べるのでとてもためになる」とそれぞれの研修のよさを笑顔で話す。

図 4-2　校内研修

　校内の授業力向上の研修では、教職経験年数や専門教科が違うメンバーで部会をつくり研修することとした。交流を通して、指導技術が伝授され、互いの指導観が広がるとともに、自然と同僚性も高まっていった。

　教職年数にかかわらず、誰もが一度は自ら講師をする研修を行った。講義を聞く側はどうしても受け身になりがちであるが、講師をする（アウトプット）ことで、研修のテーマに主体的に取り組み、他者に伝えようと資料を整理することは、自分の考えを確かにする機会となった（図 4-3）。

| 自分の知識・理解を捉え直すことができた。 | 自分の新たな課題が見えた。 | より研鑽意欲の向上につながった。 | 各教員とのつながりが深まった。 | プレゼンテーションする経験値が上がった。 |
| --- | --- | --- | --- | --- |
| 43% | 26% | 12% | 10% | 10% |

図 4-3　校内研修後のアンケート「講師をしてよかったこと」

## （3）　組織的な人材育成～「チーム学校」

　学校で目指す子ども像や大切にし
たい学校文化、理想の職場にするため
のアイディアなどを率直に語り合う
「夢を語る会」を設定し、新規採用教
員を含む教員一人ひとりが学校創造へ
主体的に関わる機会とすることで、や
りがいや自己有用感を味わい、勤労意
欲が高まることを期待している。

図4-4　授業研究

　また、管理職は積極的に職員へ声をかけるよう心がけている。頑張りを認
めたり、感謝を伝えたりするほか、子どものよさを伝えることは、教員の自
信や意欲につながるものである。「一人にしない、一人にならない」を合い
言葉に活気あふれる職場づくりを心がけている。


## 4　教員養成大学への期待

　新規採用教員や教育実習生を見ていると、礼儀正しく、努力家で、子ども
に寄り添う優しさがあり、私たち先輩教員も学ぶことが多い。
　図4-5にあるように、「大学時代に学びたかったこと」との設問に対して

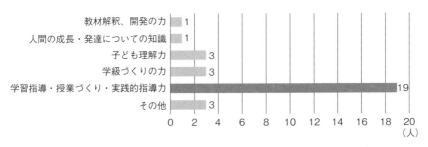

図4-5　「大学時代に学びたかったこと」（本校職員アンケート）

は、どの世代も「学習指導・授業づくり・実践的指導力」と回答した者が圧倒的に多かった。さらにその具体的な内容を尋ねると「学校現場での授業参観を」「教育実習をもっと長く」「授業づくりや模擬授業を」と答えている。

　教員養成大学に望むことは、教員志願者の減少と休職者の増加の要因、学校での校内研修の実情などを鑑み、体験的、臨床的な学びを充実してほしいということである。子どもと一緒に学ぼうとする探究心、子どもと一緒に遊ぼうとする気力・体力、学級経営につながる臨床的な学び、教員にあこがれをもつ機会の充実（教育実習、ボランティア活動等）などである。

　具体的には、「指導案を書くだけでなく、実際に子どもたちの前に立って授業をすること」「実際に生徒指導している場面に立ち会うこと」「全体指導で集団を高める指導の機会を設けること」「課題を見付け合ったり、解決しようとしたり協働的に活動すること」「人間性を豊かにする体験的な学び、コミュニケーション力・社会性を培う場を提供すること」などを提案したい。

　子どもたちは、毎日「学校」という社会、「教師」という仕事を見ているのである。子どもたちの前に立つ教員は、子どもたちがあこがれる存在でなければならない。毎日通う学校は、安心して学べる場でなければならない。子どもたちの将来なりたい職業の上位に「学校の先生」が挙がり、教員志願者が増加するよう、学校の働き方改革を進め、やりがいを感じて輝き続ける教師の姿を発信したいものである。いつか共に働く仲間の育成のために学校と大学、教育委員会が役割や取組を共有し、「養成〜採用〜研修」が一体的に進むよう一層の連携を望む。時代が変わっても「教育は人なり」は不易である。

図4-6　子どもとともに

第2部

# 学校臨床研究の実践と考察

# 第 5 章

# 札幌校における学校臨床研究の授業実践と考察
― 自分の課題に向き合い、協働して乗り越える ―

## 1 は じ め に

　学校臨床研究は、大学におけるアクティブ・ラーニングの具現化の一つと
して、平成29（2017）年度に開設された授業である。札幌校の実施概要は、
以下のとおりである。
○対象
　　主免教育実習に臨んだ直後の3年（一部4年）生のうち、養護教員養成
　　課程を除く全員。（必修2単位）
○実施時期
　　3年（一部4年）生の後期（9月〜2月）
○授業方法
　　教育実習で自覚した自分の課題を明確にし、類似の課題を自覚する他
　の学生たちと協働して、その解決を図る。学びの題材は、本授業の拠点
　校（本学附属札幌小学校・中学校、札幌市立山の手南小学校）及び釧路管
　内へき地複式校の授業である。これらの授業に対し、類似の課題を共有す
　る学生のチームで、学習指導案の検討、ビデオによる授業参観、授業者と
　の質疑応答（ただし、へき地複式校は除く）を行い、そこから得た学びを
　チームで発表する。

　これを参観授業ごとに繰り返すことで、自分（たち）の課題を追究すると共に、協働的な学びを蓄積し、思考ツールの活用能力やプレゼン能力の伸長を目指すのである。以下、授業の流れに沿って説明する。

## 2　自分の課題の自覚と学びの見通しをもつ

　前節で述べたように、本授業は、教育実習における課題の自覚から始まる。第1講のガイダンスで、シラバスやルーブリックにより、全15回の見通しをもたせると共に、この授業で一貫して意識させる「探究の過程」（図5-1）を提示している。これは、小中高学習指導要領解説「総合的な学習の時間編」に掲載されているものを援用している。この過程を意識し、体験することは、教員になった際の土台となるものだと考えている。すなわち、教育実習で自覚した課題を、共有するチームの仲間と協働的に解決しようとすることが「課題の設定」であり、指導案や授業ビデオ、質疑応答などにより「情報の収集」を進め、それを受けてチームで話し合う中で「整理・分析」を行い、探究活動の出口として、各チーム5分間の発表（「まとめ・表現」）を通して他のチームとも学びを共有する。これを繰り返すことで、課題意識

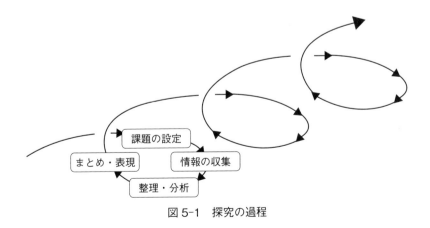

図5-1　探究の過程

学校臨床研究ルーブリックと評価

| 到達目標 | A | B | C | D | F | 評価者 | 第5回 | クラス 第8回 | チーム 第11回（月曜日は第12回） |
|---|---|---|---|---|---|---|---|---|---|
| ①実習時の課題を明確にして、そこから発展的に追究することができる。**（課題の設定）** | 課題が明確・具体的で、追究するのに程よい難度・範囲であり、その追究に結びつけることができた。 | 課題は明確であるが、やや具体性に欠け、あるいは低すぎたり、高すぎたりしたため、追究が甘くなったり無駄が多いしがちだった。 | 課題がやや漠然としており、追究活動は熱心に行ったものの解決には至らなかった。 | 課題が曖昧で、追究活動も焦点が定まらず、安易な結論しか得られなかったり、意欲を適切れがであった。 | 課題を立てることができなかった。追究もできなかった。 | 自分 |  |  |  |
|  |  |  |  |  |  | 他者 |  |  |  |
| ②指導案や参観授業、書籍やネット情報から、自己の課題追究に必要な情報を集めることができる。**（情報の収集）** | 与えられた資料以外の図書やネットからも情報を集めることができた。指導案検討や課題追究に必要なメモをとることができた。（授業者への質問に至ることができる。 | 指導案検討時には、相当量のメモをとり、情報を集め、関連する書籍やネット情報を集めた。（授業者への質問を考える。 | 指導案検討や授業参観時に、課題追究のためのメモはできたが、その量・質共に不足気味で、整理・分析にあまり活かせなかった。（授業者への質問は思い浮かばなかった。） | 指導案検討や授業観察に、少しかメモをとることとし、ほんやりと見ていた。（授業中の質問が思い浮かばなかった。） | 指導案検討や授業参観時にメモをとらず、ほんやりと見ていた。（授業への質問が思い浮かばなかった。） | 自分 |  |  |  |
|  |  |  |  |  |  | 他者 |  |  |  |
| ③集めた情報から、必要な情報を選び、思考ツールを使うなどして整理し、分析し、新たな課題の発見や解決、追究に至ることができる。**（整理・分析）** | 課題の追究に必要な情報を厳選することができ、情報を整理するために思考ツールを可視化したり、文章化したりして課題の追究の発見や解決、新たな課題を追究し、分析することができる。 | 課題の追究に必要な情報を厳選することができたが、思考ツールを使って可視化したり、文章化したりして分析する方や文章の組み立て方に、やや甘さが見られ、十分に課題の解決に向かうとは言えなかった。 | 情報の取捨選択や思考ツールの活用を試みたが、情報の精査・分析に手こずり、文章化に至らなかったり、課題の解決に向かうとは言い難かった。 | 自分の課題追究のために、どの情報が有益であるか判断できず、思考ツールの文章化において的を射たものとはならず、単なる活動に終始してしまった。 | 情報をどう扱えばいいのか分からず、整理・分析ができなかった。 | 自分 |  |  |  |
|  |  |  |  |  |  | 他者 |  |  |  |
| ①から③までの追究を、主張点を明確にして表現することができる。**（まとめ・表現）** | 主張点が明確で、内容に見合ったツールや方法で表現することができた。先行研究やその目的を介し、他の課題にも解決に役立て、文章もおおむね読みやすく書くことができた。 | 主張点を追究に見合ったツールで表現したり、文章化して整理したりしたが、やや甘さが見られ、文章も誤字・脱字、用語の間違いなどが少し散見された。 | 主張点を要領よく見込み散らかり、適切な主張点とは言い難いや表現方法も見合っていなかった。文章に誤字・脱字、用語の飛躍や論理の間違いなどが多く散見された。 | 自分の思いだけを言い留まり、ツールや表現方法も不適切で表現方法が見ないまとめ、最終レポートを提出できなかった。 | まとめの体裁を整えることができなかった。最終レポートを提出できなかった。 | 自分 |  |  |  |
|  |  |  |  |  |  | 他者 |  |  |  |

学生番号　　　専攻（指導教員）　　　氏名

自己・他者評価

図5-2　ルーブリック
右半分は、自己及び相互評価の記入欄

や気付き、そして協働の学びの質は確実に向上していく。ルーブリック（図5-2）も、評価規準を「探究の過程」に合致させておくことで、本授業の意図や枠組みが一層伝わりやすくなる。

　ガイダンスの最後には、自覚した課題の中から追究したい課題を絞り込んでワークシートへ記入する。これにより、学生は自分の追究課題を明確化でき、担当教員も一人ひとりの課題を知ることができる。学生が自覚した課題は「板書や発問」「協働的な学習の進め方」「学級における人間関係づくり」など、多岐に渡っている。2講目には、こうした課題をゆるやかにまとめて提示し、個々の学生に所属チームを決めさせ、4～6人でチームを作る。メンバーが決まったら、まずチーム名を決める。チーム名を決める過程で、課題が共有され、「このことに悩んでいたのは自分だけではなかった」と意を強くする様子が伺えることがしばしばである。図5-3、図5-4は、課題を共有するチームを結成した際に作成したポスターである。これを見ると、学生がどんなことに課題を感じているかがよくわかる。

　ガイダンス時には、図5-5のような表紙を印刷した角2型封筒を配付している（山根式袋ファイル）。これは、「情報の収集」及び「整理・分析」のた

図 5-3　課題別のチームポスター①　　図 5-4　課題別のチームポスター②

令和元年度　学校臨床研究

# 令和元年度　学校臨床研究

| | |
|---|---|
| 曜日・クラス | 曜日　　　　クラス |
| 学生番号・名前・専攻 | |
| チーム（メンバー） | |

| 曜 | 月曜日　13：00～14：30 | | |
|---|---|---|---|
| 専攻 | A：物理、地学、理科、国語（302教室・担当：横藤）<br>B：社会科、図工・美術　（303教室・担当：引地） | | |
| 回 | 日 | 場所 | 内容 |
| 1 | 10月7日 | 306 | ガイダンス、CBTアンケート |
| 2 | 10月17日(木) | 302,303 | チームづくり、指導案検討（山の手南小） |
| 3 | 10月21日 | 302,303 | 授業参観（山の手南小）、参観のまとめ |
| 4 | 10月28日 | 306 | 質疑応答・まとめ、指導案検討（附属小） |
| 5 | 11月6日(水) | 302,303 | 授業参観（附属小）、参観のまとめ |
| 6 | 11月11日 | 302,303 | 中間総括、発表準備 |
| 7 | 11月18日 | 302,303 | 質疑応答視聴、発表準備指導案検討（附属中） |
| 8 | 11月25日 | 302,303 | チーム発表①、評価 |
| 9 | 12月2日 | 302,303 | 授業参観（附属中）、参観のまとめ |
| 10 | 12月9日 | 302,303 | 指導案検討（僻地校）、授業参観（僻地校） |
| 11 | 12月16日 | 302,303 | 質疑応答視聴、発表準備 |
| 12 | 12月23日 | 302,303 | チーム発表②、評価 |
| 13 | 1月6日 | 302,303 | CBT解説、アンケート①、総まとめ発表会準備 |
| 14 | 1月20日 | 302,303 | 総まとめ発表会 |
| 15 | 1月27日 | 302,303 | 全体総括、アンケート② |

| 火曜日　13：00～14：30 | | |
|---|---|---|
| C：数学、教育学　（302教室・担当：引地）<br>D：特別支援、音楽　（303教室・担当：横藤） | | |
| 日 | 場所 | 内容 |
| 10月8日 | 306 | ガイダンス、CBTアンケート |
| 10月15日 | 302,303 | チームづくり、指導案検討（山の手南小） |
| 10月29日 | 302,303 | 授業参観（山の手南小）、参観のまとめ |
| 11月5日 | 302,303 | 質疑応答視聴・まとめ、指導案検討（附属小） |
| 11月12日 | 302,303 | 授業参観（附属小）、参観のまとめ |
| 11月19日 | 302,303 | 質疑応答視聴・まとめ、発表準備 |
| 11月26日 | 302,303 | チーム発表①、評価 |
| 12月3日 | 302,303 | 指導案検討(附属中)、授業参観(附属中) |
| 12月10日 | 306 | 質疑応答・まとめ、中間総括 |
| 12月17日 | 302,303 | 参観のまとめ、指導案検討（僻地校） |
| 12月24日 | 302,303 | 授業参観（僻地校）、発表準備 |
| 1月7日 | 302,303 | チーム発表②、評価 |
| 1月14日 | 302,303 | CBT解説、アンケート①、総まとめ発表会準備 |
| 1月21日 | 302,303 | 総まとめ発表会 |
| 1月28日 | 302,303 | 全体総括、アンケート② |

| 木曜日　13：00～14：30 | | |
|---|---|---|
| E:教育心理、化学、生物、保健体育（302教室・担当:引地）<br>S:英語、総合技術、家庭科　（303教室・担当:横藤） | | |
| 日 | 場所 | 内容 |
| 10月3日 | 306 | ガイダンス、CBTアンケート |
| 10月10日 | 302,303 | チームづくり、指導案検討（山の手南小） |
| 10月24日 | 302,303 | 授業参観（山の手南小）、参観のまとめ |
| 10月31日 | 302,303 | 質疑応答視聴・まとめ、指導案検討（附属小） |
| 11月7日 | 302,303 | 授業参観（附属小）、参観のまとめ |
| 11月14日 | 306 | 質疑応答・まとめ、発表準備 |
| 11月21日 | 302,303 | チーム発表①、評価 |
| 11月28日 | 302,303 | 中間総括、指導案検討（附属中） |
| 12月5日 | 302,303 | 授業参観（附属中）、参観のまとめ |
| 12月12日 | 302,303 | 質疑応答視聴・まとめ、指導案検討（僻地校） |
| 12月19日 | 302,303 | 授業参観（僻地校）、発表準備 |
| 1月9日 | 302,303 | チーム発表②、評価 |
| 1月16日 | 302,303 | CBT解説、アンケート①、総まとめ発表会準備 |
| 1月23日 | 302,303 | 総まとめ発表会 |
| 1月30日 | 302,303 | 全体総括、アンケート② |

【指導教員・連絡先】

学校臨床教授　引地　秀美　　011-778-0294（研究室）　hikichi.hidemi@s.hokkyodai.ac.jp
学校臨床教授　横藤　雅人　　011-778-0295（研究室）　yokofuji@wave.plala.or.jp

※ 欠席・遅刻・早退の場合は、前日17時までに上記のいずれかへ。

図 5-5　袋ファイル表紙

めのツールである。指導案や授業参観時・質疑応答時のメモを入れたり、自分（たち）で収集した情報を入れたりすることができる。本授業終了後や教員になった後にも活用する学生や卒業生も見られ、効果的であると考える。

　さらに、ガイダンスでは授業の開始時刻をきちんと守ることや、遅刻・欠席時にはきちんと連絡すること、机上に不用意にスマートフォンや飲み物などを出さないこと、質疑応答時には教育実習のときと同じようにスーツを着用することなど、教員あるいは他の職種であっても社会人となった際のマナーについても指導している。これらも、学生の実態からあえて最初に示している。

　このように、最初に本授業の意図や枠組みを示し、情報活用の方法も伝えることで、学生の意識は変わる。学生の省察（後日も含む）を見てみよう。

　　　教育実習で悩んだことは、早く忘れてしまおうと思っていましたが、そこから「逃がさない」講義だと思いました。でも、同じような悩みをもった人が他にもいそうなので、何だかがんばれそうです。楽しみです。

　　　袋ファイルは、とてもいいです！　自分でも作ってみます。

　　　ルーブリックを最初にきちんと示してくれて、何をがんばればいいのかはっきりとしているので安心です。きっと指導してくださる先生たちは、子供たちを安心させるような授業をしてきたんだろうなあ、と思いました。

　　　最初は、「うわ、この先生たちめんどくさい！」と思いました（ゴメンなさい！）。子どもじゃないんだから、挨拶だとか服装だとか飲み物だとか、自由でいいじゃないかと。でも、少したってこの規律がかもし出す雰囲気が、実は学びを豊かにしていることに気付きました。大学に入ってだらしなくなっていた自分を見直すいい機会になりました。

## 3 チームでの協働の学び

課題を共有するチームを結成した
ら、学習指導案の検討に着手する。課
題がはっきりとしており、かつ共有で
きる仲間との検討なので、「自分は、
教育実習の時に…」など、体験を基に
した意見交換が自然になされる。教室
内を巡っている担当教員に鋭い質問が
出されることもある。机間指導の際に
は、主に以下の3点を意識する。

図5-6 チームの話し合い

① チーム内の人間関係により、学びが滞るような様子（暗い表情やトゲ
   のある言葉、授業に関係のないおしゃべりなど）はないか。

② 学習指導案等への書き込みは相当量であり、具体的かつ妥当なもの
   か。

③ 情報収集や整理・分析の手段、導く結論は妥当か。

特に最初の授業における学習指導案検討から発表に至る動きの中で、上記
①～③を望ましいものにしておくことで、その後の動きを安定させ、発展的
なものとなることを意図して巡るようにしている。

授業参観はビデオによる。そのため、見ることのできる範囲は狭く、また
映像によっては板書の文字がぼやけるなどの問題もある。しかし、多くの学
生は、自分（たち）の課題解決のヒントを得ようと、熱心に見る。担当教員
は以下の2点を意識する。

① 体調はどうか。集中を欠き、居眠りや私語などをする学生はいないか。

② 相当量のメモを取りながら見ているか。

　もし、上記①②に不備や問題が見られた場合は、その場で指導を行う。

　授業参観の後には、チーム内で各自の見取りを交流し合う。その中で、授業者への質問事項を考える

　次に質疑応答である。令和元（2019）年度は、附属札幌小中学校については、授業者が直接本学に足を運んでくれた。例えば、附属札幌中学校の数学の授業に関する質問では、次のような質疑応答が見られた。

> 学生：今回の授業では、グループワークが2回ありました。1回目は、特に指示をすることなく、生徒は自由に立ち歩いて相手を見付けて話していました。しかし、2回目は、個々の考えを手を挙げさせて確認して、同じ考えの生徒同士によるグループワークとしていました。この2つの違いの理由は何なのでしょうか？
>
> 授業者：グループワークは、それをすることが目的ではありません。生徒が授業の中で、自分の考えを大切にしたい時に、グループを固定するのは良くない。2回目でも一人で考えている子はいました。自分の考えをより発展させるために、必要な生徒は、自分と同じ考えの、あるいは違う考えの生徒と話をする。そういう考えです。一人ひとりが課題に向かっていくという姿勢を大切にしたいのです。

　質疑応答の後は、チームで課題に沿った「整理・分析」を行う。そして、最後に「まとめ・表現」の場である発表会へと進む。各チーム5分以内の発表が、一回りの「探究の過程」の出口であり、学生にとっての明確な挑戦目標となる。図5-7は、3つのチームの発表の様子である。

　①は、授業づくりのポイントをキーワード化（「よい授業」は、「学級経営」に支えられ、具体的には「児童生徒の発言」を大事にしていること）して、授業の流れに沿って主張している。

　②は、提示する教材により、児童生徒の反応が自然に変わってくること、そしてその後のまとめに至る活動や板書も変化することを模擬授業形式で示している。

　③は、自分たちが教育実習時に共通して悩んだことを乗り越える発想法と

具体的な方法を見付けたことを生き生きと提案している。

このように、短い時間の中に、精一杯学びの成果を盛り込んで発表している。

発表会を終えると、その場でルーブリックを使い、自己評価とチームのメンバーによる相互評価を行う。

2回目の発表を終えての「情報の収集」では、次のような記述が見られた。

> 自己評価：B。今までに得た情報と比較し、生かすことはできたと思う。
>
> （特別支援教育専攻Nさん）

> チームのメンバーによる評価：A。授業参観時に教師の問いかけと児童の発言を記録し、チーム内での共有で活躍していた。
>
> （特別支援教育専攻Mさん）

図5-7　チーム発表の様子

## 4　省察シート及びアンケートから読み解く本授業の成果と課題

### （1）省察シート・総まとめレポートから

省察シートは、手書きである。

省察シートには、担当教員が簡単にコメントを返したり、次回のプレゼンテーションで他の学生に紹介したりした。それにより、視野が広がったと

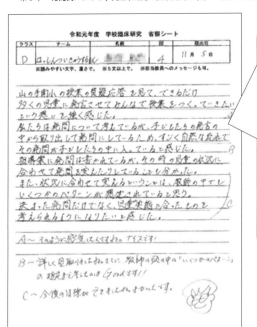

私たちは発問について考えているが、子どもたちの発言の中から取り出して発問にしているため、すごく自然な流れでその発問が子どもたちの中に入っていると感じた。指導案に発問は書かれているが、その時の児童の状況に合わせて発問を変えたりしていることも分かった。

図5-8　省察シート

いう感想が寄せられることも多かった。紹介した他のチームの学生の省察を契機に、授業後に自分から話し掛け、共に図書館に行ったなどという動きもあった。協働的な学びが徐々に拡がっていく様子がうれしい。学生の省察からいくつか紹介しよう。

　　他の人の省察を見ると、いつも自分の見方が狭くて浅いことに気付かされます。同じ指導案を見て、同じ授業を見ているはずなのに。でも、それがすごくいい刺激になって、自然にいっぱい頭を使ってしまいます。
　　　　　　　　　　　　　　　　　　　　　　　　　（図工美術専攻 I さん）

　　省察シートの振り返りの際に、いつも素敵な言葉をいただけて、いつも授業を受けるのが楽しみです。自分が先生になったときに、こんな話ができるように、いろいろなことに対して、本気で取り組みたいと思いました。
　　　　　　　　　　　　　　　　　　　　　　　　　（理科教育専攻 T さん）

　また、省察シートを読んでいて、学生に共通して不足している知識があるなど、補足が必要と判断した際は、積極的に情報を提供するようにした。

　例えば、へき地複式校の授業参観に当たって、「渡り・ずらし」について説明をしたところ、ある学生が省察シートに次のように書いた。

　　授業時間の半分しか先生に習えず、半分は自習になってしまうのは、かわいそうだ。

　次の時間に、これを名前を伏せて紹介し、「そのとおりだと思うか、チーム内で意見交換してごらん」と指示したところ、各チームでとても話が盛り上がった。その結果、「確かに先生が側にいる時間は半分かもしれないけれど、『学び』の時間が半分になるということはないのでは」という声がたくさん挙がってきた。これを受けて、担当教員の方からは次のような補足を行った。

　　まず、この疑問を書いた人が、時間に着目したことは、とてもいいです。貴重な授業時間の中に、教師が側にいない時間があることは、確かにデメリットです。しかし、今多くの人が言ったように、例えば教師がいないことにより、子どもたちが「自分たちでしっかりやろう」と思ったとしたら、その時間は子どもの自律を促す時間になります。また、単式の授業においては、教師が同じ場にいるというためか油断してしまい、「空白の時間」が生じていることもよくあります。例えば、ドリル学習の場面で、教師が「できた人は持っておいで」と指示し、教卓で丸付けをすることがあります。その時、早くに丸をもらった子が、何もせずに待っていることはよく見かけます。学びが止まっている「空白の時間」です。それは、最初から教師がいない時間があることが明示されている複式授業以上に問題があります。一人ひとりの学びにスポットを当てたら、もしかすると複式授業の方が「空白の時間」は少ないかもしれませんよ。これから参観するビデオでは、「空白の時間」がどの程度あるか、と見るのもいいかもしれませんね。それは、皆さんが単式学級の教師になった時にも、役に立つ視点です。

　こんな補足により、学生たちは表情を引き締め、集中していった。

　総まとめレポートは、全15回の授業を終えての振り返りである。A4で3～5枚程度に自分の設定した課題にどう迫ったのか、解決したことや課題として残っていること、新たに見いだした課題は何かを振り返り、この授業で蓄積したメモや資料などを1冊のポートフォリオとする。自ら探し出した参考文献などからの引用がなされるなど、読み応えのあるレポートが多く、各学生の真摯な学びがうれしい。

### （2）　アンケート（データ）から

　全15回の授業の最後に、アンケートを実施した。令和元年度の結果から、札幌校における本授業の成果と課題を挙げてみよう（ただし、紙幅の関係で、ほんの一部の紹介にとどまることを最初にお断りしておく）。

　○回答人数：230人（回答率：100%）

　○方法：4件法による回答、自由記述

　○質問項目数：22

【設問1　授業の満足度】

　・非常に満足している　48.7%

　・満足している　　　　43.9%

　・あまり満足ではない　6.1%

　・満足ではない　　　　0.0%

　・未回答　　　　　　　1.3%

図5-9　授業の満足度

「非常に満足」と「満足」の合計が、92.6%と9割を超えている。この学校臨床研究は、決して楽な授業ではない。むしろ提出物も多く負荷の大きい授業であるが、学生の多くは満足している。この傾向は、他の設問でも同様に見られる。以下、「非常に満足」と「満足」の合計のみ示す。

【設問2（1）　学校現場の実態が具体的に分かった】　93.4%

【設問2（2）　教育実習時の課題を解決するための知見を得ることができた】
94.7%

【設問2（3）　少人数での学びは課題の追究に効果的であった】　92.6%

【設問2（4）　発表や質疑応答を通して、課題に関する学びがあった】90.0%

【設問3（1）　自分の課題を明確にすることができた】　93.0%

【設問3（2）　自分の課題に基づき授業観察と分析をすることができた】
94.4%

　まだあるが、紙幅の関係でここまでとする。次は課題となった設問である。

【設問2（5）　学校臨床研究と他の講義との関連を実感することができた】

　・そう思う　　　　　　　　　　　　29.6%

　・どちらかと言えばそう思う　　　　48.7%

　・どちらかと言えばそう思わない　　17.4%

　・そう思わない　　　　　　　　　　3.9%

　・未回答　　　　　　　　　　　　　0.4%

　この設問に関しては「そう思う」
「どちらかと言えばそう思う」の合計
が、78.3%と、本調査中もっとも低い
数値となっている。今後、各専攻との
連携を図り、改善していかなくてはな
らない課題である。

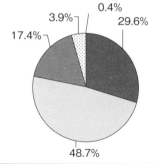

図5-10　学校臨床研究は他の講義と
　　　　関連があると思うか

（3）アンケート（記述）から
　最後に、紙幅の関係でほんの少しで
はあるが、自由記述を紹介する。

　教育実習を経験したからこそ、この講義の時間が貴重でした。自分の課題に対して、1人で向き合うには時間も知識も足りないと思っていたけど、同じ課題で仲間と一緒に深く考えることができました。

　チームで協働して、他の班の人の分析を学べて良かった。学級経営や人間性に関することも学習できた。志望は未定だが、どんな仕事でも活かせる学びだったと思う。

　教員になる目標はずっと変わりませんが、その中ですべきことが具体的に分かった気がします。これからも目標に向かって考え、研究していきます。

　先生ともう少し会うのが早ければ良かったなと思いました。教師になりたいと思える講義は初めてでした。

　とても有益な授業だった。異なる分野の学生と共有できることは少ないと考えていたが、全くそんなことはなく、互いに共通の課題に向けて努力することができたと思う。

　先生が自分たちの学びのために講義をしてくれていることがよく伝わってきて、とても毎週楽しみであった。病気で講義に出られない時も丁寧に対応してくれて、多くのことを学び得ることができたと感じている。

## 5　おわりに

　本授業の手応えから、学生には協働の学びが必要であることをあらためて実感している。自分（たち）の課題を協働しながら探究していくアクティブ・ラーニングは、学生の生き生きとした学びを引き出し、つないでいく。自らの悩みや迷いも含め、表現することは、学びの喜びそのものである。それは、アンケート結果にも見られるように、教職を目指す学生にとっては言うまでもなく、他の職種を目指す学生にとっても価値ある学びである（民間企業に勤めた卒業生から、「学校臨床研究で学んだことは、民間の会社でも役に立つ」との声も届いている）。

　また、本授業の開講時期が教育実習直後であることは、自分の切実な課題

意識が醒めない時期であり、非常に効果的である。教育実習前に、本学で開発した「教育実習前 CBT」に取り組み、現場にて教育実習に臨み、本授業でその整理や発展的な学びを展開できることの意義は大きいと考える。

　令和2（2020）年度は新型コロナウイルスの感染防止のため、この協働の学びを展開できず、大変残念であった。状況が落ち着いたら、ぜひまた学生同士の心が通い合う対面・協働の授業を実施したい。また、私たちから各専攻の指導教員により積極的に情報発信するなどして、他の授業や講義、実習等との連携を一層図っていきたい。

# 第 **6** 章

# 釧路校における学校臨床研究の授業実践と考察

## 1　問題と目的

　中央教育審議会は、平成27（2015）年に教員養成段階に関して「教員となる際に必要な最低限の基礎的・基盤的な学修」を行う段階であることを示した。また、その中では、学校現場や教職を体験させる機会の充実と総合的かつ体系的に教員の養成を図っていく必要性の2点が示された。

　教員養成課程において学校現場や教職を体験する中心的な授業科目として教育実習がある。そこで本学では、学校現場や教職を体験する機会の中心である教育実習を中心とし、総合的かつ体系的に教員の養成を図るためのカリキュラムを構想した。構想した総合的かつ体系的な教員養成カリキュラムに位置付けられたものの一つに必修科目「学校臨床研究」がある。

　一方、本学は5キャンパスに分かれており、それぞれが地域の実情に合わせ、カリキュラムを創意工夫する必要があった。本章では、そのうち釧路キャンパスにおける「学校臨床研究」がカリキュラム上にどのように位置付けられ、どのように授業を行ったのかについて報告した。また、その実施を通して確認できた釧路キャンパスにおける「学校臨床研究」の成果と課題を明らかにすることを目的とした。

# 2 方 法

## （1） 対象科目とカリキュラム上の位置付け

　対象科目の「学校臨床研究」は、3年次後期に設定された（表6-1）。この科目は、学生が教育実習を中心としたこれまでの学修経験から自己課題を設定し、その追究を通して実践力の基礎を培い、体験を省察する力及び課題を解決する力を育成することの2つを目的とした。

　「学校臨床研究」は、釧路校では、「学校体験」「教育フィールド研究1〜3」「基礎実習」「教育実習1」等の教育フィールド研究科目との接続を意図した体系的なカリキュラムの中に位置付けられた。

　「学校体験」は、アカデミックスキルの一環として1年次前期に学校を4回訪問し、学校現場に入る際の留意点等を学ぶことを目的とした。「教育フィールド研究1、2」は必修科目、「教育フィールド研究3」は選択科目となっており、それぞれ8回、金曜日に1日を学校で過ごし、授業をはじめと

表6-1　関連する教育実践フィールド科目

| 学年 | 開講 | 授業科目 | 単位数 |
|------|------|---------|--------|
| 1年 | 前期 | 学校体験（必修） | 2 |
| | 後期 | 教育フィールド研究1（必修） | 2 |
| 2年 | 前期 | 教育フィールド研究2（必修）<br>基礎実習（必修） | 2<br>1 |
| | 後期 | 教育フィールド研究3（選択） | 2 |
| 3年 | 前期 | 教育実習事前・事後指導（必修）<br>教育実習1（必修） | 1<br>4 |
| | 後期 | 学校臨床研究（必修） | 2 |
| 4年 | 前期 | 教職実践研究（選択） | 2 |
| | 後期 | 教育実習2（選択）<br>教職実践演習（必修） | 2<br>2 |

した教育活動を参観、体験することを通して学校教育に関する理解を深めていくことを目的とした。釧路校では、これらを通して学校現場での経験を積んだ上で、授業参観に特化した「基礎実習」、授業を実施する「教育実習1」を履修し、「学校臨床研究」へと接続するようにカリキュラムを構成した。

「教育実習1」後の履修を必修とした「学校臨床研究」は、教育実習を通して自覚した課題について、双方向遠隔授業システムを活用した授業観察と授業者との交流を中心に、様々な方法を通して追究することを目的とした。なお、「学校臨床研究」に接続する科目として、4年次前期に設定した研究発展科目「教職実践研究」がある。これは、「学校臨床研究」との接続を意識しつつ、学校現場を訪問することにより、より実践的に追究を進めていくことを意図した。

### （2）　授業計画

「学校臨床研究」では、自己課題の追究を通して実践力の基礎を培うことと体験を省察する力及び課題を解決する力を育成することを目的とした。

このうち、実践力の基礎とは、自身の課題と関連する授業の基礎的な技術能力について理解を深めることとした。また、体験を省察する力及び課題を解決する力とは、学生が自身の体験を省察することで成果と課題を明らかにし、課題を解決するために必要な力を身に付けることとした。そのために、「学校臨床研究」の授業計画自体を課題について学ぶプロセスとなるように意図した。それによって、学生が本研究でデザインした授業計画を経験し、そのプロセスを理解することで、体験を省察する力及び課題を解決する力を身に付けることにつながると考えた。

授業計画は、全体を大きく3つの場面に整理した（図6-1）。

第1の場面は、追究課題の設定、追究方法の構想とした。具体的には、オリエンテーションを行い、授業全体の概要を説明した後、教育実習1における自身の実践を省察し、自己課題を設定し、追究の見通しを立てた。

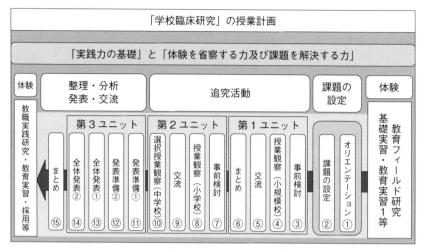

図6-1 「学校臨床研究」の授業計画

第2の場面は、追究活動とした。第1ユニット、第2ユニットとして、双方向遠隔授業システムを活用し、授業観察と授業者との交流を行った。また、同時に並行して学生一人ひとりが課題の追究をそれぞれの方法で行った。

第3の場面は、追究内容の整理・分析とそれらのまとめ・表現の場面とした。第3ユニットとして課題に関して追究した内容を個々の学生が分析・整理し、発表・交流を行った。その後、講義のまとめを行い、授業全体を振り返り、各自が追究内容の整理を行い、授業の終了後には課題に関して追究した内容をレポートに整理した。

これらの3つの場面を通して、実践力の基礎を培うことと体験を省察する力及び課題を解決する力を育成することを意図した。

（3）授業の実際

1）対象学生・期間

対象とした学生は、教育学部3、4年次181名であった。いずれの学生も

教育実習を履修済みであった。授業の実施に当たっては、これらの学生を月曜日グループと木曜日グループに分け、さらにそれぞれの曜日ごとに2グループに分け、1つのグループの人数は40〜50名程度とした。これは、学生同士の交流による学び合いを重視したこと、教師が関わることが可能な人数としたことから、1つの教室における人数が多くなりすぎないように考えたためである。授業は2名の教員で実施し、それぞれ月曜日と木曜日に1グループずつを担当した。

### 2）第1場面：課題設定と追究の見通し（第1、2回）

第1回と第2回の授業で授業全体の概要を説明し、その後、各自の実践の省察を通した課題設定、追究の見通しの構想を行った。オリエンテーションでは、まず、授業全体の概要を説明した。本研究では、授業計画自体が課題を追究するプロセスを示したものとなることを意図したため、学びのプロセスを学生に理解してもらう必要があると考えたためである。

次に、教育実習のうち特に学習指導を視点として、学生が実践の省察を行った。学生全員が教育実習中に実施した研究授業の指導案を持ち寄り、授業のねらいや学習指導過程、工夫点、実践した成果と課題を4〜5名のグループで交流した。交流の結果も踏まえ、学習指導を視点とした成果や課題を個々に整理し、自身の課題を明確にした。

教育実習の省察を通して学生は、「発問、指示、説明、問い返し」や「導入のもち方、課題意識や必要感のもたせ方、動機付けの方法」「ペアやグループ、全体での交流方法」「ICTや思考ツールの活用」などに関する内容を自己課題として設定した。課題の設定においては、特定の教科における固有の指導方法ではなく、汎用的な指導技術として追究したい課題とした。

また、課題追究に当たっては、授業における追究活動と並行して、各自が、学校現場での授業研究会への参加、文献調査、ゼミ活動等での議論等、課題に適した追究を行うことを求めた。

### 3)　第2場面：追究活動（第3〜10回）

　第1ユニットは、授業観察を通して課題についての追究活動を行う場面とし、第3〜6回の4回で行った。第3回で観察する授業に関わる内容の講義と指導案の事前検討を行い、第4回で授業の観察、第5回で授業者との交流、第6回は第1ユニットの授業観察や交流と各自が追究した内容を整理する時間とした。第6回終了後には、ここまで各自が追究した内容を整理し、レポートにして提出することを求めた。

　月曜日と木曜日のグループで観察した授業は異なっていた。月曜日グループは、公立小学校5、6年生における複式による算数の授業を観察した。複式授業については、本学のある北海道では学校全体の数に対してへき地校の割合が高く、本校を卒業した学生がこれまでにも数多く赴任していた。特に、月曜日グループにはへき地・小規模校への関心が高い学生が多く、「学校臨床研究」の受講時期に「へき地校体験実習」に参加する学生もおり、学生の関心は高かった。また、本研究で求めたのは、汎用的な指導技術における追究課題であり、教育実習における自身の実践と複式授業を比較することで、課題の解決に向けた気付きを得ることができると考えた。さらに、算数は、学生が教育実習で授業した時数の多い教科であり、学生にとって自身の経験と重ねやすい教科であった。一方で、複式指導に関する知識が不足している学生も見られたため、第3回の事前検討の際に、複式指導に関する内容を取り上げ、不足していると考えられる知識について補足した。

　木曜日グループは、公立小学校1年生における国語の授業を観察した。木曜日グループには、中学校教員免許状取得を主とする学生もおり、小学校1年生の授業と比較することで、発達段階に応じた指導の工夫に気付くことができると考えた。また、国語は、教育実習において算数と並んで学生が授業した時数の多い教科であり、自身の経験と重ねやすい教科であった。なお、観察した授業はICTを活用していた。ICTの活用については関心の高い学生が多く、学生の課題意識に沿った授業であった。一方で、学生間でICT

の活用に関する知識の差が見られた。そのため、第 3 回の授業では ICT に関する内容を取り上げ、補足した。

　第 2 ユニットも、授業観察を通して課題についての追究活動を行う場面とし、第 7 〜 10 回の 4 回で行った。第 7 回で観察する授業の内容に関わる講義と指導案の事前検討を行い、第 8 回で授業の観察、第 9 回で授業者との交流、第 10 回は学生が自己課題に合わせて選択した中学校の授業を観察した。第 10 回で中学校の授業を選択して観察したのは、中学校教員志望学生がどのグループにも一定数いたことに加え、複数の校種の観察を通して課題を追究することで、異なる発達段階における指導の工夫に気付くことができると考えたためである。

　観察した授業は、月曜日グループは公立小学校 5 年生の総合的な学習の時間の授業を観察した。総合的な学習の時間については、環境教育等を中心として学習していた学生が多く、関心の高い学生が見られた。また、授業を通して思考ツールを活用しており、学生が関心を強くもっていた。一方で、思考ツールに関しての知識については、学生間で差が見られた。そのため、第 7 回の授業では思考ツールの活用に関する内容を取り上げ、説明を行った。

　木曜日グループは、附属小学校 5 年生の算数の授業を観察した。算数の授業は、教育実習で授業時数が多く、学生にとって自身の経験と重ねやすい教科であった。また、授業者は発問を中心として、児童を学習に動機付けるための工夫をしていた。発問構成を課題とした学生が多く見られたことから、学生の課題に合致した授業であった。

　4）　第 3 場面：追究内容の整理・分析、発表・交流（第 11 〜 15 回）

　第 3 ユニットは、課題に関して追究した内容を個々の学生が整理・分析し、発表・交流を行う場面とし、第 11 〜 14 回で行った。第 11、12 回で追究内容を整理・分析し、第 13、14 回でパワーポイントを用いて発表・交流した。

　第 11、12 回の授業は、まず、モデルとなるプレゼンを学生に提示し、

ゴールの具体的なイメージをもたせた。その後、情報整理シート、プレゼン構想シート、プレゼン資料作成用のルーブリック等を用いて、学生がこれまでに追究した内容を整理・分析し、発表内容を構想できるようにした。これは、個々の学生によって、情報の整理・分析、また、それに基づいた発表の経験に差が見られたことから、基本的な進め方を指導する必要があると考えたためである。第13、14回は7～8名を1グループとして、各回に3～4名ずつ追究した内容の発表・交流を行った。

第15回は、講義のまとめを行う場面とした。発表・交流を踏まえ、追究した内容に関して、再度、一人ひとりの学生が整理した。それらを踏まえ、必要な情報を付け加え、各自が課題を追究した内容についてレポートに整理して提出することを求めた。

## （4）記録、分析の方法

記録の方法としては、授業の最終回終了後に、質問紙による調査を行った。質問紙は、4件法による回答と自由記述による回答の2つを求めた。まず、4件法による回答を求めた。質問項目に関して、「4　そう思う」「3どちらかと言えばそう思う」「2　どちらかと言えばそう思わない」「1　そう思わない」による回答を求めた。これらの質問項目への学生の回答を通して、学生が「学校臨床研究」でデザインした授業計画をどのように捉えたのかを分析できると考えた。また、質問紙の最後に自由記述による授業への感想等を求めた。この記述の分析を通して、量的評価だけでは捉えられない質的な学生による授業計画のデザインの捉え方を把握することができると考えた。

分析は、以下の手順で行った。まず、4件法から得られたデータは、4～1の得点を割り振った。得点を割り振ったデータのうち、4と3は肯定的な回答、2と1を否定的な回答と判断した。それらを基に、直接確率計算により有意水準5%で有意な偏りが見られるかどうかを判定した。次に、自由記述から得られたデータは、記述内容に関して「課題の設定、追究方法の構

想」「追究活動」「追究内容の整理・分析」「発表・交流」を視点として関係
する記述を抽出した。それらの記述から、学生が本研究でデザインした授業
計画をどのように捉えたのか検討した。

## 3 結果と考察

### （1） 4件法の結果と考察

　4件法の結果は、表6-2のとおりであった。すべての質問項目において有
意水準5%で肯定的な回答への有意な偏りが確認できた。このことは、本研
究でデザインした授業による学びのプロセスについて学生が課題の追究につ
ながるものであったと捉えていたことを示していると言える。

　また、これらの質問項目の回答のうち、「3　どちらかと言えばそう思う」
よりも「4　そう思う」が多く見られたのは、1、5、6の質問項目であっ

表6-2　4件法の結果（n=167）

| | 質問項目 | 4 | 3 | 2 | 1 | 肯定 | 否定 | p |
|---|---|---|---|---|---|---|---|---|
| 1 | 教育実習等で自覚した自分の課題を明確にすることができた。 | 99 | 59 | 6 | 3 | 158 | 9 | $p < 0.01$ *** |
| 2 | 自分の課題に基づき授業観察と分析をすることができた。 | 72 | 76 | 12 | 7 | 148 | 19 | $p < 0.01$ *** |
| 3 | 課題追究に必要な情報を収集することができた。 | 68 | 82 | 13 | 4 | 150 | 17 | $p < 0.01$ *** |
| 4 | 課題解決のために必要な情報を収集及び整理・分析することができた。 | 78 | 79 | 7 | 3 | 157 | 10 | $p < 0.01$ *** |
| 5 | 気付きや発見、自分の考えなどをまとめ、表現することができた。 | 81 | 68 | 15 | 3 | 149 | 18 | $p < 0.01$ *** |
| 6 | 授業を通じて新たな自分の課題を把握することができた。 | 77 | 70 | 15 | 5 | 147 | 20 | $p < 0.01$ *** |

$p < 0.5$ *、$p < 0.1$ **、$p < 0.01$ ***

た。このことから、「課題の設定、追究方法の構想」「発表・交流」の場面
と、それらを通した「新たな課題の把握」に関して、特に肯定的に捉えてい
た学生が多かったと言える。

### （2）　自由記述の結果と考察

　自由記述の結果を検討した。「課題設定」に関しては、「教育実習の課題を
解決するという時間は、非常に有意義だったと思います」「自分の興味ある
ことを追究できるのが良かった」といった記述が見られた。学生が、教育実
習を通した課題を追究する学習に必要感をもっていることが示されたと言え
る。

　「課題追究」に関しては、「自分が設定した課題について、長期的に文献
等を活用し、探究することができたのが大変良かった」「双方向授業による
交流は現職の先生から指導や授業の意図を聞けるため、有効であると思う」
「附属の実践を見ることができたのは非常に重要で、自分の『導入の在り方』
という課題にも大きく影響があったので、今後も双方向等を駆使しながらの
講義をしてくださると、学生にとって大きな経験と財産になると思います」
などの記述が見られた。これらは、各自で文献等を通して追究する活動や双
方向システムを活用した授業者との交流が課題の追究につながったことを示
唆していた。

　一方で、「（交流では）あまり学生から質問が出ておらず、滞ってしまうこ
とがあった」「遠隔の授業は、（児童の様子等が）よく分からない点が多かっ
た」などの記述も見られた。映像を通した授業観察、授業者との交流であっ
たため、大学にいながら現場との交流ができるよさもあったが、課題に即し
た視点での授業観察が難しいことや、マイク越しの交流であったため自由に
質問することが難しいことなどが挙げられた。これらは、今後の課題と言え
る。

　「情報の整理・分析」に関しては、「ルーブリックがあることによって自

分が目指すべきところが明確になるので、やりやすかった」という意見が見られた。情報の整理・分析に関わっては、学生の経験に差が見られたことから、モデルを提示した後、情報整理シート、プレゼン構想シート、ルーブリック等を用いた活動を取り入れた。これらは、学生が追究した情報を整理・分析し、発表に向けた取組を進める上で、効果的であったと考えられる。

「発表・交流」に関しては、「同じ課題をもっている人同士で話し合いをすることで、より深まりが出たと思う」といった記述が見られた。発表の際は、共通の課題意識をもっている学生同士をグループにすることで、課題意識をもって参加できることが示された。

## 4　まとめと今後の展望

本研究の結果から、「学校臨床研究」の授業計画の成果として以下の2点が示された。

1点目は、「学校臨床研究」の授業計画に対して学生から肯定的な回答が多く見られたことである。これは、4件法の結果に示されており、学生が本研究でデザインした授業における学びのプロセスについて課題の追究につながったと捉えていたことが示唆された。

2点目は、特に「課題の設定、追究方法の構想」「発表・交流」「新たな課題の把握」に、4件法の結果、肯定的な回答が多く見られたことである。「課題の設定、追究方法の構想」には、自由記述から自身の課題を追究する学修への必要感が確認できた。また、「発表・交流」には、共通の課題意識をもつ学生同士の交流が課題追究につながったことが示唆されていた。

「新たな課題の把握」という点に関しても、質問紙の自由記述にいくつかの意見が見られた。「今回の課題解決を生かし、副免実習で生かせるように日々調査を続けていきたい」「副免実習も控えているため、次の実習へ生か

せる学びが多くありました」「卒業論文に対する意識や研究アプローチの入門的な意義を感じることができた」「来年度から教員になる予定の者です。学校臨床研究がなければ、改めて自分の課題と向き合うこともないまま、現場に出ていたかもしれません。詳しく調べる機会を下さり、ありがとうございました」「今回の講義を通して自分の探究してみたいと思っていたことについて調べることができたので良かったです。これからも、この講義で得たものを基に探究していこうと思います」などの記述であった。これらは、「学校臨床研究」の受講後に、「教育実習2」（主とする教員免許状以外の取得を目的とした教育実習）、卒業論文、教員採用後に向け、今回追究したことを活用、さらなる課題追究に向けた意欲を示していた。これらのことから、「学校臨床研究」における追究活動が、今後の学生の成長につながることが期待される。

　最後に、今後の課題を示す。今後は、学生の追究活動をより充実したものにできるよう研究を重ねていきたい。本研究においても、自由記述の中に、「遠隔の授業は、（児童の様子等が）よく分からない点が多かった」という意見が見られた。「学校臨床研究」を受講している学生は、教育実習を履修済みであり、今後、教員採用試験を経て教員となる学生が多く含まれている。課題追究に関わっても、学校現場における研究会等への参加を促すなど、学生が学校現場と関わる機会を増やしていくことが必要だろう。追究活動の充実を図ることで、学生に、「実践力の基礎」と「体験を省察する力及び課題を解決する力」を確かに培うことができるよう尽力したい。

**引用文献**

中央教育審議会 （2015） これからの学校教育を担う教員の資質能力の向上について〜学び合い、高め合う教員養成コミュニティの構築に向けて〜（答申）。

# 第7章

# 旭川校における学校臨床研究の授業実践と考察

## 1　旭川校における学校臨床研究の目指すもの

　旭川校の学校臨床研究は、他キャンパスと異なり、平成31（2019）年度より主免実習が行われる前の3年次前期の開講としている。その意図は、教育実習で必要な授業分析力・授業運営力等、実践に必要な知見のさらなる習得及び能力の一層の伸長を図ることを目的としているからである。

　学校臨床研究は、附属学校や連携協力校を活用した実践的能力の育成や教科・教職科目を有機的に結び付けた体系的な教育課程を通して、実践型教員養成への質的転換といった教員養成分野におけるミッションの再定義の具現化を図る授業である。

　その背景としては、中教審答申において「これからの教員に必要な能力」として探究力・自主的に学び続ける力・新たな学びを展開できる実践的指導力を兼ね備えた教員の養成が求められていることや、学生への実態調査の結果において、一方的な教授型授業、実践的内容の不足、子どもの姿が見える授業が少ないなどといった意見が見られることから、実践的能力の育成や教科・教職科目の有機的結合によるカリキュラムの体系化が求められていることが挙げられる。

　このような学校臨床研究の目的と背景から、旭川校では、教育実習前の学

びを実践場面である教育実習で生かすことができるように、理論と実践をつなぐ学校臨床研究として、教育実習前に位置付けている。

　また、旭川校の学校臨床研究では、学び続ける教員としての土台となる能力の育成を目指し、課題解決型授業等を取り入れている。双方向遠隔授業システムによって配信される附属学校・拠点校・小規模校での授業を参観し、学生自身が感じる授業実践上の課題の解決を、学生による主体的・対話的な学びの実現により図ることを目指している。

## 2　授業の概略

　旭川校で学校臨床研究の授業を担当する教員は、北海道教育委員会との人事交流により、小学校教頭経験者と文部科学省国立教育政策研究所学力調査官経験者の2名である。

　クラス編成は、専攻ごとの3クラスで、それぞれ100人弱の学生が受講している。受講人数を少なくするため、それぞれのクラスを2つのグループに分けて一人ずつ教員を配置して授業を行っている。

　平成31年度の15回の授業の全体像は図7-1に示すとおりである。学生が教育実習への見通しをもちながら、自らの追究課題をつかみ、解決を通して教育実習への自信につながるように全体を5つの段階に分けて展開した。

　第1段階のオリエンテーションでは、録画した小学校における授業を全員で視聴し、授業づくりにおける疑問や学生自身にとって教育実習での研究授業で課題となる内容を見いだし、その疑問や課題ごとに少人数の課題別グループをつくる時間とした。

　第2段階の「つかむ」では、第1ユニットとして、「授業づくりの基本」をテーマに、学生が個々に抱えた疑問や課題の解決に向けた取組とした。附属旭川小学校から配信された第5学年の特別の教科「道徳」の授業を視聴し、設定した課題について協議をして解決の見通しをもち、解決の見通しが

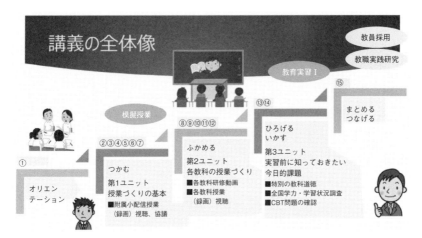

図7-1　旭川校における学校臨床研究の全体像

もてない内容については、双方向システムを使って授業者に直接質問して解決につなげていく時間とした。また、第1ユニットでは、各グループに道徳の模擬授業を課し、グループで解決した内容を授業実践につなげられるように展開した。

　第3段階の「ふかめる」では、第2ユニットとして、「各教科の授業づくり」をテーマに学びを深める展開とした。旭川校では、他キャンパスと異なり、中学校を主免として教育実習を迎える学生が多数を占める。教育実習前の3年次前期には各教科教育法の授業の中で、指導案の作成や模擬授業の実施などを通して、教科の特性に応じた授業づくりについて学んでいる。しかしながら、学生の中には、教育実習で自分の専攻する教科の授業運営力に不安を強く感じている者もいることから、各教科の授業づくりについて、第1ユニットで学んだ授業づくりの基本を視点に、録画された授業の視聴を通して教育実習での授業を想定しながら学ぶ時間とした。

　第4段階の「ひろげる、いかす」では、第3ユニットとして、学校現場における今日的な課題や求められる対応について、小規模校・複式教育の実際

を授業の視聴を通して学んだり、全国学力・学習状況調査の結果で明らかに
なっている全国的な課題を捉えたり、本学で行っている教育実習前 CBT の問
題を取り上げ、教育実習中に求められる対応について協議したりする時間と
した。

　最後の 15 回目は、教育実習を終えた後期に実施し、教育実習で明らかに
なった課題を明らかにし、学生が自身に必要な今後の学びの見通しをもっ
て、この講義を終えられるようにした。

## 3　オリエンテーションにおける授業の実際

　第1回の授業では、学校臨床研究での学び方を確認した。シラバスを基に
到達課題や授業計画について説明した。特に、旭川校が学校臨床研究を教育
実習前の前期に実施することになった目的を図 7-2 のスライドを提示しなが
ら学生と共有するようにした。

　また、オリエンテーションでは、図 7-3 のスライドを提示しながら、学

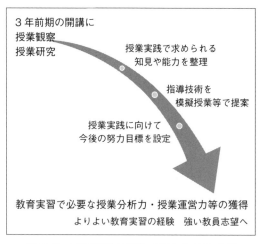

図 7-2　前期開講の目的を示したスライド

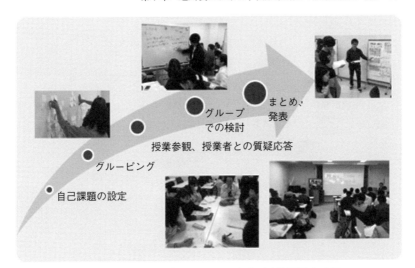

グループ
での検討

まとめ、
発表

授業参観、授業者との質疑応答

グルーピング

自己課題の設定

図 7-3　アクティブ・ラーニング型の授業展開を確認

校臨床研究が学生の主体的・対話的で深い学びの視点での展開を目指していることを共有し、テーマに対して一人ひとりが自己課題を設定し、実際の授業参観や授業を提供した教諭との質疑応答、同じ課題を設定した少人数のグループによるディスカッション、発表交流を通して、課題解決を目指す、いわゆるアクティブ・ラーニング型の授業を展開することを確認した。

　さらに、学校臨床研究で核になる視聴授業からの学びにおいて、授業視聴の前後での学びの充実や、学校臨床研究の授業以外の学修時間の確保をねらいとして、図 7-4 のスライドを提示しながら、具体的な学修活動について説明した。授業視聴前の事前検討では、視聴授業の学習指導案を配付し、本時のねらいや指導の展開などを読み取り、自分自身の学習指導や授業運営に関する課題を考慮して授業観察の視点を設定するようにした。視聴授業に関連する学習指導要領や教科書、教師用指導書などの資料は自分で用意し、把握することを求めた。授業視聴後の事後検討では、各自が設定した課題に基づいて授業から学び得たことを同じ課題意識をもつ学生でグループをつくり、協議をするようにした。その際には関連する教育実践書や教科教育指導に関

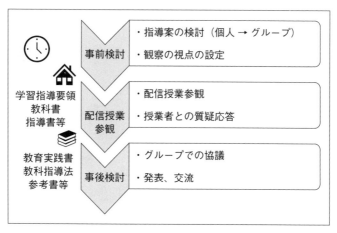

図7-4　授業視聴前後に求める学修活動を説明

する資料等や、双方向遠隔授業システムを用いた授業者との質疑応答で学び得た情報を基にしながら、成果をまとめ、全体で発表するようにした。

## 4　第1ユニット（授業づくりの基本）における授業の実際

　第1ユニットでは、特別の教科道徳の授業の視聴を核として授業づくりの基本を扱った。特別の教科道徳を視聴授業に設定することで、学校臨床研究と同時期に学ぶ教科教育法の授業との差別化を図り、教科特有ではなく、どの授業でも当てはまる汎用的な指導技術に焦点を当てた展開を実現した。

　また、旭川校では主免実習である教育実習Ⅰでは、実習中に特別の教科道徳の授業実践を位置付けるように実習校に依頼している。旭川校での特別の教科道徳のカリキュラム上での扱いは、「道徳の指導法」が3年次必修で設定されているが、小学校主免の学生が受講する「道徳の指導法（初等）」は後期の開講となり、教育実習前に学ぶことができていない状況がある。そのため、学校臨床研究を受講するすべての学生にとって特別の教科道徳の授業づくりは喫緊の課題であり、とりわけ小学校主免の学生にとっては必要感を

表7-1　第1ユニットで設定された共通課題（一部）

| チーム名 | 共通課題 | チーム名 | 共通課題 |
|---|---|---|---|
| 社会1 | 教師の働きかけ | 英語1 | 課題設定 |
| 社会2 | 見やすい板書 | 英語2 | 生徒の意見のまとめ方 |
| 社会3 | 生徒主体の課題設定 | 英語3 | 興味を引き出す発問 |
| 社会4 | 発問1 | 英語4 | 考えを深める発問 |
| 社会5 | 発問2 | 理科1 | 授業につながる発問 |
| 社会6 | 興味を引くテーマ設定 | | |

もって学ぶことが期待できた。実際に、平成31年度受講学生のうち、77%が実習中に特別の教科道徳の授業実践を経験している。

　平成31年度に視聴した授業は、附属旭川小学校の5年生で実施されたもので、主題は、「困った人の身になって」で、親切、思いやりの内容項目に当たるものである。視聴前の授業では、学習指導案を配付し、学生一人ひとりが、本時のねらいや指導の展開などを読み取り、自分自身の学習指導や授業運営に関する課題を考慮して設定した授業観察の視点（自己課題）を付箋に書き出し、付箋紙を持ち寄って類型化することでグルーピングし、それぞれのグループでの共通課題を設定した（表7-1）。

　共通課題設定後には、実際の授業を視聴した（図7-5）。授業の視聴は、双方向遠隔授業システムを用いて授業会場と大学の教室とをつないでライブ配信による視聴とあらかじめ録画した授業を大学の教室で視聴する方法をとっている。

　令和2（2020）年度は、コロナウイルス感染拡大防止のため、大学の教室に学生が集うことを避け、遠隔授業での実施となった。授業視聴は、本学のオンライン協働研究・学修用プラットフォーム（CollaVOD）を用いて行

図7-5　授業視聴の様子

図7-6 双方向遠隔授業システムを用いた授業者との質疑応答

い、学生は、自宅から自分の端末でCollaVODにアクセスしてオンデマンド
で視聴した。

授業視聴後には、各自で自己課題に基づいて視聴した授業から学んだこ
とをまとめ、課題別のグループで集まり、課題解決に向けて話し合いを行っ
た。遠隔授業で実施した際には、Zoomのブレークアウトセッションを用い
て、課題別のグループで協議ができるようにした。その中で、学生同士の話
し合いでは解決できない内容や、視聴した授業に関する質問に関しては、双
方向遠隔授業システムやZoomを用いて学生が授業者に直接尋ねる場を設定
して解決できるようにした（図7-6）。

解決した内容は他の共通課題を設定したグループとも全体交流で共有し、
多様な授業づくりの視点で学ぶことができるようにした。第1ユニットで学
んだ内容は、模擬授業を通して実践できるようにした。模擬授業はグループ

図7-7 学習支援による模擬授業
へのアドバイス

ごとに特別の教科道徳で実施し、主題
や内容項目は視聴授業と同じにし、教
材は自由選択とした。模擬授業の準備
は学校臨床研究の授業以外の学修時間
で行うこととし、元小学校長で指導主
事経験のある学習支援員からアドバイ
スをもらったり（図7-7）、学内にある
小学校の教室を模した再現教室やラー

図 7-8　再現教室やラーニングコモンズを利用した自主的な取組

> 7. 自由記述（上記 1 から 6 の理由や次年度に向けての意見・提案、受講して感じたこと等がありましたら自由に記載してください。）
>
> 　実習に行く前は、道徳の授業のしかたすら分からない状況でした。この講義を受けて、　道徳の授業で大切にしたいことなどがイメージすることができた。

図 7-9　学生のアンケート記述
（下線は筆者加筆）

ニングコモンズを利用したり（図7-8）するなど、学生が自主的に計画を立て協働的に授業づくりすることを求めた。

　第1ユニットにおける成果としては、次の3点が挙げられる。1点目は、特別の教科道徳の授業づくりについて、授業視聴や模擬授業を通して授業運営力を身に付けることができたことである。特に旭川校では、教育実習で実習校に対して、特別の教科道徳の授業実践を実習生に課すように依頼しているため、学生にとっては必要感のある内容になったようである。学校臨床研究最終回の学生アンケートでは、図7-9のような記述が見られた。2点目は、全グループに模擬授業を課したことによって、学生が主体的に授業時間以外にグループのメンバーで集まり、模擬授業の練習をしたり、学習支援員にアドバイスをもらったりする活動につなげていたことである。3点目は、視聴する授業や模擬授業で特別の教科道徳を扱ったことにより、専攻する教

科や主として取得する免許の校種の違いを超えて学生同士が議論することができたことである。

　一方、課題として挙げられることとして、模擬授業は、グループ数が多いため導入部に限定して行ったが、授業全体で取り組みたかったという意見が多く寄せられたことである。

## 5　第2ユニット（各教科の授業づくり）における授業の実際

　第2ユニットでは、「各教科の授業づくり」をテーマとして展開した。教育実習での研究授業に備え、専攻する教科や主として取得する免許の校種ごとにグループをつくり、教科特性を踏まえた授業づくりを学ぶようにした。

　まず初めに、教職員支援機構（NITS）が公開している研修用動画（校内研修シリーズ新学習指導要領編）の該当教科に関する内容をグループごとに視聴し、文部科学省教科調査官による学習指導要領の改訂のポイントについて確認するようにした。特に、それぞれの教科で育成を目指す資質・能力

表7-2　第1ユニットで設定された共通課題（一部）

| チーム名 | 共通課題 | チーム名 | 共通課題 |
|---|---|---|---|
| 教国1 | 児童の学びに効果的な教師の働きかけとその準備 | 教算1 | 児童の発言の活用 |
| 教国2 | 図や資料を使ったわかりやすく構造的な板書 | 教算2 | 板書 |
| 教国3 | 児童の多様な発言を尊重したまとめ | 教算3 | 構造的で効果的な板書 |
| | | 教算4 | 児童への対応 |
| 美術1 | 対話的に生徒の気持ちをくみとり、学びを促す声かけ | 教算5 | 児童の思考を促し多様な考え方ができるような発問の工夫 |
| 美術2 | 説明から制作へのつながり | 教算6 | 子供の思考を揺さぶる（促す）ような発問 |

や、学習活動で働かせる見方・考え方
については新学習指導要領で新しく整
理され、授業を構想する上で基本的な
おさえとして重視した。

　次に、教科固有の授業運営力の獲
得を目的とし、各教科の授業の実際を
録画授業の視聴を基に捉えることとし
た。第1ユニット同様に事前に配付
した指導案を読み取り、授業観察の視
点（自己課題）を付箋に書き出し、付
箋紙を持ち寄って類型化することでグ
ルーピングし、それぞれのグループで
の共通課題を設定した（表7-2）。第1

図7-10　協議した内容を模造紙に
　　　　まとめる

ユニットで設定された共通課題と比較すると、内容が具体的になり、学生の
課題意識がより高まっていることが推察できる。授業視聴後には、第1ユ
ニットと同様に各自で自己課題に基づいて視聴した授業から学んだことをま
とめ、課題別のグループで集まり、課題解決に向けて話し合いを行った。グ
ループで話し合った内容は模造紙にまとめ、全体で共有した（図7-10、図7
-11）

　第2ユニットにおける成果としては、次の2点が挙げられる。1点目は、
教育実習における研究授業を想定して、学習指導要領の趣旨を把握した上
で、自分の専攻教科の授業について、分析し、協議できた経験は、教育実習
への自信につながったものと考えられる。2点目は、第1ユニットでの課題
解決が、深い授業分析の視点を生み、具体的な授業運営力の獲得につながっ
たものと考えられる。一方で課題として挙げられることは、提供授業がすべ
ての校種や専攻に対応することや、わかりやすい一般的な展開の授業を提供
するために、今後も幅広く録画授業を収集していく必要があることである。

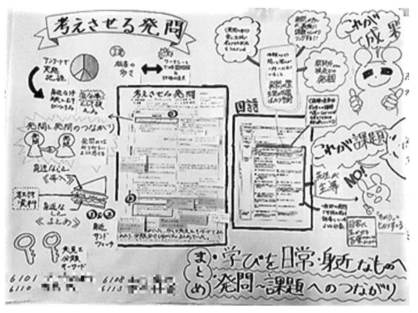

図7-11 協議内容のまとめ（例）

## 6 第3ユニット（今日的課題）における授業の実際

　第3ユニットでは、学校現場における今日的な課題や実習前におさえておきたいことを確認するために、毎回の授業をワンテーマで展開した。1つ目は、小規模校・複式学級での授業の実際を学ぶこととした。教育実習では、中規模以上の学校に配属になるケースがほとんどであるが、本学のある北海道では小規模複式校が増える傾向にあり、教職に就いて小規模複式校に赴任した場合は、その特色を生かした教育活動が求められる。視聴した授業は、釧路校からの提供による釧路市立阿寒湖小学校（現、阿寒湖義務教育学校）4年生12名の算数「四角形を調べよう」の学習と、白糠町立茶路小学校5年生3名の算数「単位量当たりの大きさ」と6年生2名の算数「円の面積」の学習である。少人数の特色を生かし、一人ひとりの学びの様子を詳細に捉

え、考えの違いを引き出しながら対話的な学びを展開する少人数指導の様子と、「わたり・ずらし」など複式授業特有の指導方法を学び取ることができることができた。授業の視聴は、2教室でそれぞれの授業を同時に上映し、学生は両教室を行ったり来たりしながら自由に授業を視聴できるようにした。学校で実施される研究会では、複数の学級で同時に授業が公開されることが多いことを鑑み、実際に研究会に参加した際には、研究会当日配付された指導案を授業開始前に読み取り、自分が参観したいポイントを押さえながら意図をもって教室を移動して授業を参観することの重要性を捉えることを目的とした。また、授業後の提出課題は、研究会に参加した際の所属長への報告を想定した復命書の形式とした（図7-12）。

　2つ目のテーマとしては、授業運営に関して教育実習前におさえておきたいことを扱った。教育実習前CBT（教育実習前CBTの詳細については第2章に示す）での出題を想定した問題について、選択肢を考えることで、求められる対応について考える活動を行った。初めに問題を提示し、正答となるふさわしくないと考えられる内容を全体で考えることとした。なぜふさわし

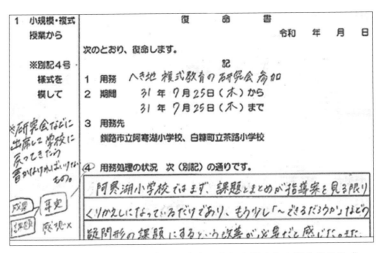

図7-12　へき地・複式教育の研究会に参加を想定した復命書の作成

くないと考えるのかを全体で話し合った後に、正答を確認した。次に、正答以外の誤答として問題の内容についてふさわしいと考えられる選択肢を考える活動とした。まずは、個人で考え、少人数グループでの話し合いの後に全体で発表交流するようにした（図7-13）。

第3ユニットにおける成果としては、次の2点が挙げられる。1点目は、小規模校、複式学級での授業づくりについて考える機会を通じて、児童生徒の一人ひとりを丁寧に見取り、授業を進めていくことの重要性を確認することができたと考えられる。2点目は、実習前にあらためてCBT問題を扱うことで、学校現場で起こりうることの確認と、CBT問題集を使って学び続けることへの意識を図ることができた。一方で課題として挙げられることは、CBT問題を扱って展開する場合、1つの問題を扱うのに30分程度必要となる。問題集にあるように学習指導以外のすべての項目を学校臨床研究において幅広く扱うことは不可能であるので、授業時間以外で指定した問題について自分の考えをまとめて提出することを求めるなどの対応をとる必要がある。

問題：板書する際の配慮事項として、あまりふさわしくないものを1つ選びなさい。

ア　一時間の授業の流れがわかるような構成を心掛ける。

イ　目立つことが重要であるから、色チョークをどんどん多用してカラフルにするよう心掛ける。

　　↑ふさわしくない理由は？　他に配慮すべきことは？

ウ　児童生徒の考えを位置づけ、生かすように心掛ける。

エ　掲示物やICT機器、ホワイトボードなどを効果的に併用するように心掛ける。

オ　色チョークや文字の大きさ、枠、矢印などの工夫をすることで、分かりやすい板書を心掛ける。

図7-13　提示した問題例と話し合いの結果に確認した選択肢

# 第 **8** 章

# 函館校における学校臨床研究の授業実践と考察

## 1　函館校の学校臨床研究

　函館校における学校臨床研究は、令和2（2020）年度より国際地域学科地域教育専攻の学生を対象に、小学校での教育実習終了後の後期の必修科目として開設した。平成27（2015）年度からの2か年は試行的に実施し、平成29（2017）年度から地域教育専攻の選択科目として実施してきた。選択科目としての実施期間は、履修対象となる学生の約2割の履修にとどまったが、本項では選択科目として取り組んだ令和元（2019）年度の授業概要について述べる。

　函館校では、教育実習を終えた学生が実習等で自覚した授業実践上の課題や新たに見付けた課題の解決を目指し、学校現場での実践に必要な知見の習得と能力の伸長を図ることを目的として試行してきた。

## 2　授業の概略

　函館校で講義を担当するのは、北海道教育委員会との人事交流により教育行政と小学校管理職を経験した教員1名である。選択科目として実施した期間は、履修登録者が対象学生の約2割であったことから1クラス体制で開講

した。

　また、令和2年度後期から必修科目になったものの、最大で50名程度の
履修者を想定していることから、1クラス体制で授業を行っている。

　令和元年度の15回の授業は、表8-1の学修計画のとおり行った。第1回
目のガイダンスでは、本授業の内容や授業の目標、到達目標等を確認する時
間とした。さらに、教育実習における自己の課題と本授業を通して学びたい
ことについて確認した。また、第2回目から第13回目にわたる授業参観に
ついては、各配信授業を基に「参観事前検討」「配信授業の参観・課題検討」
「事後のグループ別検討・全体交流」を一体的に行った。第14回目、第15
回目は、授業のまとめとして、本授業の履修を通して明らかになった自己課
題について確認するとともに、それらのことを全員で共有することで、学校
現場での実践へ向けて意欲の向上を図った。

表8-1　学校臨床研究「学修計画」

| | 実施日 | 内　容 | 備　考 |
|---|---|---|---|
| 第 1 週 | 10月 2 日（水） | ガイダンス | |
| 第 2 週 | 10月 9 日（水） | 参観事前検討① | 指導案① |
| 第 3 週 | 10月16日（水） | 配信授業参観①・課題検討① | 附属小学校 |
| 第 4 週 | 10月23日（水） | グループ別検討①・全体交流① | |
| 第 5 週 | 10月30日（水） | 参観事前検討② | 指導案② |
| 第 6 週 | 11月13日（水） | 配信授業参観②・課題検討② | 巴中学校 |
| 第 7 週 | 11月20日（水） | グループ別検討②・全体交流② | |
| 第 8 週 | 11月27日（水） | 参観事前検討③ | 指導案③ |
| 第 9 週 | 12月 4 日（水） | 配信授業参観③・課題検討③ | 附属中学校 |
| 第10週 | 12月11日（水） | グループ別検討③・全体交流③ | |
| 第11週 | 12月18日（水） | 参観事前検討④ | 指導案④ |
| 第12週 | 12月25日（水） | 配信授業参観④・課題検討④ | 釧路複式校 |
| 第13週 | 1 月 8 日（水） | グループ別検討④・全体交流④ | |
| 第14週 | 1 月15日（水） | テーマ別全体検討 | |
| 第15週 | 1 月22日（水） | まとめ | |

（1）　授業内容

　双方向遠隔授業システムにより配信された附属函館小学校、附属函館中学校、拠点校（函館市内公立学校）、小規模校（複式校）の授業を参観し、教育実習等で自覚した授業実践上の課題や新たに見付けた課題の解決を目指した授業研究を通して、授業観察力・授業分析力等、学校現場での実践に必要な知見のさらなる習得及び能力の一層の伸長を図ることを目的とした。なお、函館校の学校臨床研究は、対象学生の実習校である小学校の他、中学校の授業参観も組み込んでいる。このことは、道南圏域においても義務教育学校を設置または検討する自治体が増えていることから、義務教育学校制度の意義や小中一貫教育等、中等教育についても理解を図る必要があると考えたからである。中学校の授業参観を通して、中学校段階での現場における様々な課題を理解するとともに、小学校段階で児童に定着させたいことなどについて、中学校の現場の教員と実践交流する場として貴重な機会でもある。

（2）　授業の目標

　教育実習を終えた学生が、強い課題意識をもって授業を参観し、授業参観後すぐに授業者と交流し、さらに学生間での交流を通して、授業観察力・授業分析力等の教育実践上、必要な能力の一層の伸長を図る。

（3）　到達目標

①　教育実習を通して身に付けた実践的授業力をさらに深める。

②　教育実習等で自覚した課題について、指導案の検討や授業観察と分析を通して、より具体化することができる。

③　教育実習で自覚できなかった新たな課題に気付くことができる。

④　自己の課題を自覚し、他の学生と協働的に追究し、その過程や得られた知見等に基づき、課題解決の方策を提案することができる。

⑤　提案した課題解決の方策等に対する検討結果を踏まえ、今後の努力目標を設定することができる。

## 3　学生から示された自己課題等

　第1回目のガイダンスにおいて、学生から示された自己課題は表8-2のとおりである。これらは各実習校に配属された学生が自己課題として取り上げたものの中から一部を抜粋したものである。主に発問に関することや、個別の児童への支援に関すること、板書技術に関すること、机間指導に関することなどの記述が多いことから校種や学年にとらわれることなく、授業実践の土台となる基礎的・基本的な事項を課題として意識している学生が多いことがわかった。そのため、全4回の授業配信においては、教科指導に関する専門的事項より基本的な授業づくりに重点を置き、授業参観を行うことにした。個々の学生が取り上げた自己課題について、各授業者が実際の指導場面において、児童・生徒の実態をどのように捉え、どのように授業づくりに反映させているのか、また、指導案作成段階でどのようなことに配慮しながら指導計画を立てているのかなどについても事前の指導案検討の際に明らかにすることとした。

　また、実際の参観の場面では、視点を絞って授業を参観し、自己課題解決に向けてのヒントや具体的に理解できたことなどについて整理するとともに、自己課題解決に向けて不十分な事柄については、後日、各授業者への質疑応答を通して明らかにする必要があることから、それぞれの事柄について整理・記録しながら参観するように促した。

表 8-2　学生から示された自己課題（一部抜粋）

| 学生 A<br>（公立小学校第1学年配属） | 発問をした時に、児童の反応が良くない、または同じ答えばかり出てきてしまい、発問の意図を理解できていない場合の切り替えの仕方。特に、自分の意見を言う場面ではなく教科書から読み取って答える場面での発問をする時、どのように工夫すれば児童に伝えやすいのか考えたい。 |
|---|---|
| 学生 B<br>（公立小学校第1学年配属） | 学力差があるクラスの中で、学力が低い児童への支援は授業内にどこまで行っていけばよいのかを学びたい。個別支援は休み時間や放課後に及んでまで行ってよいものなのか。 |
| 学生 C<br>（公立小学校第2学年配属） | 課題解決場面において、児童の発言に対してただ価値付けするだけにとどまらず、さらに児童の思考を深めていく工夫があまりできなかったため、自分の課題の一つであると考える。授業参観を通して、児童の発言に対しての教師側の対応を見て、様々な方法を学びたい。実習では、その子の意見に対して他の子はどう思うかということや、他の人に詳しく説明できる子はいるかということを聞いて、児童の思考を深めていくとよいことを学んだので、他の方法についても知っておきたい。 |
| 学生 D<br>（公立小学校第3学年配属） | 板書の際、字の大きさ、丁寧さ、色使い、構成などについて実習を通して板書計画を立てることで上達したと思うが十分ではない。重要な部分の目立せ方や授業での取り組みを明確にする方法などを学んでいきたい。 |
| 学生 E<br>（公立小学校第4学年配属） | 授業は指示・発問・問い返しの3つで構成することができると教えていただいた。実際に実践の場で意識し活用することができた。しかし、問い返しの仕方に苦戦し、子どもが混乱してしまう場面があった。問い返しからの子どもの反応とそれに対する教師の働きかけについて勉強したい。 |
| 学生 F<br>（公立小学校第5学年配属） | 机間指導をする際には、どの児童からといった順番は決めているのかや全体を見て何を基準にして机間指導を行っているのか、また机間指導をしている際に具体的にどのような支援をしているのかについて知りたい。他にも指導案でなぜそこに机間指導を入れるべきだと判断したのかという意図も聞きたい。 |
| 学生 G<br>（公立小学校第6学年配属） | 授業を行っていく中で、その授業の軸となる中心発問が明確でないがゆえに結局何が言いたいのか自分が今どんな答えを求めればよいのか等のモヤモヤが児童の中に起こり、授業中、児童が困惑してしまう様子が度々見られることがあった。また、発問を分かりやすくしようと、さっき使った言葉を違う言い回しで何度も言ったり、情報を付け加えたりしてしまったこともあった。児童の思考を促す分かりやすい発問をどうしたらよいのか知りたい。 |

## 4 双方向遠隔授業システムを活用した授業参観の実際

　令和元年度は、附属函館小学校第4学年の外国語活動、函館市立巴中学校第1学年の英語科、附属函館中学校第2学年の数学科、釧路校から提供のあった白糠町立茶路小学校第3・4学年の算数科複式授業の計4回、授業参観を行った。小学校外国語活動の参観にあたっては、事前の指導案検討に加え、新学習指導要領に示されている外国語活動の目標や内容等についても確認した。

　また、小学校の外国語活動に引き続き、中学校第1学年英語科の授業を参観する機会が与えられたことから、中学校の学習指導要領（外国語）に示されている目標や内容等について確認することを通して、小学校で指導する外国語科、外国語活動との違いについても理解を深めることができた。

　同様に、中学校第2学年数学科の参観と小学校第3・4学年複式学級の参観の前の指導案検討の際にも、学習指導要領の各教科で示されている目標や内容等を確認した上で指導案検討を行った。いずれの授業も指導案検討の際に、自己課題を解決するための視点を明確にして、参観のポイントを当日の学習指導案に書き込むなどした。小学校、中学校ともに参観後に行う授業者

図8-1　双方向遠隔授業システムを活用した授業参観の様子

との交流は、20 〜 25 分程度と限られ
ていたため、参観時は毎回グループ内
で質問者を決定し、質問事項について
もあらかじめ優先順位を決めて質問す
るようにした。さらに、時間内で質問
できなかったことについては、担当教
員が学生からの質問を取りまとめ、一
括で授業者へメールで依頼し回答を得
るようにした。参観の翌週の授業で
は、授業参観を通して課題解決につな
がったことや授業者との質疑応答を通
して理解が深まったことなどをグルー
プごとに協議を行い、今後の実践のど
のような場面で生かすことができるの
かなどを整理して模造紙にまとめ、グ

図 8-2　発表の様子①

図 8-3　発表の様子②

ループごとに発表することを通して全体で共有を図った。

## 5　本授業の成果と課題

　令和元年度は、小学校実習を行った学生 40 名中 10 名の履修ではあった
が、履修者の 9 割が将来、小学校の教員を希望しており、学ぶ意欲が高く明
確な課題意識をもった学生が多く、今後の教育実践の場において本授業で得
られた成果を十分生かすことが期待される。履修した学生からは、「教育実
習後の授業ということで、実習での課題解決の一つとして、良い機会であっ
たと感じています。ご協力してくれる学校の都合もありますが、教科の偏り
があったので、もっと色々な教科の授業を見たかったです」「人数が少ない
からこそ高いモチベーションで活動に取り組むことができた。函館校では、

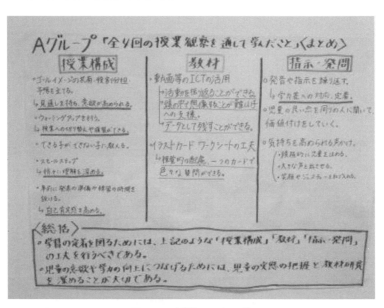

図8-4　授業のまとめ①

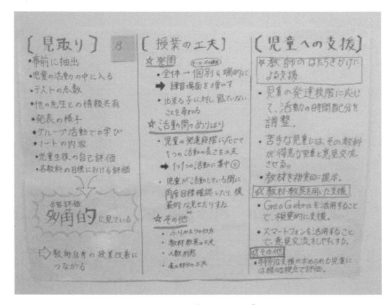

図8-5　授業のまとめ②

来年度から必修になると聞いたが、グループを作る際に、名簿番号ではなく、普段関わったことがないような人の意見も受け入れられるようにランダムにした方が良いのではないかと思う」など前向きに捉えることのできる感想が寄せられた。将来的には、授業で得ることができた成果を模擬授業等の実践を通して確かめる場を設けるなど、さらに具体的な実践を交えた発展的な学びが求められていると考える。

第**9**章

# 学校臨床研究における学生アンケート
# から見る成果と課題

## 1 学生アンケートの方法と結果

　令和元（2019）年度の受講生に対して、学校臨床研究の授業に関するアンケート調査を下の内容で実施した。なお、函館校は試行段階につき、本項での集計からは除外した。

　○回答人数：689人（回答率：95.7%）

　○方法：4件法による回答、自由記述

　○質問項目数：23

　○質問内容：表9-1参照

　アンケートのうち、4件法による回答の質問において、「そう思う」「どちらかと言えばそう思う」（質問番号1では「非常に満足している」「満足している」）と肯定的に回答した割合は、表9-1に示すとおりである。

　選択式による回答の17の質問のうち、15の質問で肯定的に回答する割合が70%を超えている。最も割合が高かったのは「教育実習等で自覚した自分の課題を明確にすることができた（質問番号3－①）」で93.5%、次に高かったのは「自分の課題に基づき授業観察と分析をすることができた（質問番号3－②）」で93.0%だった。その一方で、最も割合が低かったのは「あなたは教員を志望していますか（質問番号5）」で59.4%だった。

表9-1　アンケートの質問内容と回答方法、肯定的な回答の反応率

| 質問番号 | 質問項目 | 回答方法 | 肯定的な回答の反応率（%） |
|---|---|---|---|
| 1 | 授業の満足度について | 選択式 | 90.1 |
| 2-① | 授業参観や質疑応答を通じて、学校現場の実践が具体的に分かった | 選択式 | 88.8 |
| 2-② | 教育実習時の課題を解決するための知見を得ることができた | 選択式 | 90.4 |
| 2-③ | 少人数での協働的な学びは課題の追究に効果的であった | 選択式 | 90.3 |
| 2-④ | 授業参観、質疑応答及び発表を繰り返すことで学びが深まった | 選択式 | 91.0 |
| 2-⑤ | 学校臨床研究と他の講義との関連を実感することができた | 選択式 | 71.8 |
| 3-① | 教育実習等で自覚した自分の課題を明確にすることができた | 選択式 | 93.5 |
| 3-② | 自分の課題に基づき授業観察と分析をすることができた | 選択式 | 93.0 |
| 3-③ | 学習指導案づくりの参考とすることができた | 選択式 | 77.9 |
| 3-④ | 課題追究に必要な情報を収集することができた | 選択式 | 88.8 |
| 3-⑤ | 課題解決のために必要な情報を収集及び整理・分析することができた | 選択式 | 91.0 |
| 3-⑥ | 他の学生と協働して課題を追究することができた | 選択式 | 84.9 |
| 3-⑦ | 気付きや発見、自分の考えなどをまとめ、表現することができた | 選択式 | 91.3 |
| 3-⑧ | 授業を通じて新たな自分の課題を把握することができた | 選択式 | 88.2 |
| 3-⑨ | 課題の解決策を見出し、それを提案することができた | 選択式 | 83.2 |
| 4-① | 1週間あたりの自学自習時間（授業の予習復習） | 記述式 | |
| 4-② | 1週間あたりの自学自習時間（授業における発表等の準備） | 記述式 | |
| 4-③ | 1週間あたりの自学自習時間（レポート等の課題作成） | 記述式 | |
| 4-④ | 1週間あたりの自学自習時間（自らの課題に対するさらなる探究） | 記述式 | |
| 4-⑤ | 1週間あたりの自学自習時間（その他） | 記述式 | |
| 5 | あなたは教員を志望していますか | 選択式 | 59.4 |
| 6 | この授業を受講して、教員になる意欲が高まりましたか | 選択式 | 67.5 |
| 7 | 次年度に向けての意見・提案、受講して感じたこと等 | 自由記述 | |

表9-2 自由記述の内容（一部）

○大学の必修の講義の中では、最も有意義でためになる講義でした。ありがとうございました。

○他の授業よりも実際の学校現場について学べたし、教育実習で出た自分の中の課題を考えることができました。

○教育実習を経験したからこそ、この講義の時間が貴重でした。自分の課題に対して、一人で向き合うには時間も知識も足りないと思っていたけど、同じ課題で仲間と一緒に深く考えることができました。教職実践研究もぜひ受講したいなと思います。ありがとうございました。またよろしくお願いします。

○実習前の不安な気持ちが、この講義で具体的なことをたくさん学んでいくことでなくなりました。抽象的ではあったかもしれませんが、実習に確実に生かされた講義でした。ありがとうございました。

○同じ目的をもって、グループを作り、課題探究ができてとてもよかったです。

○本講義を通して教育実習で感じた自分の課題について深く追究することができ、とても実りのある時間を過ごすことができた。同じ課題意識をもつ仲間と共に追究することで一人で考えるよりもいろんな角度から見ることができ、自分の視野が広がった様に感じる。

○発表形式を学び、実習中に授業で活かすことができたなど、身に付けて実践して改良するという考えをもって実習を行うことができた。とても有効だったと思う。

○教員になろうという考えは、受講前にはゼロに近かったが、受講後には一つの選択肢となった。少人数で実習での自分課題に共に向き合えたのは一緒に解決していくようで、とても頼もしかった。

○板書方法や発問の工夫、教材の工夫など、実際に授業を行うにあたって必要な知識を得られ、話し合いをすることで考えを深めることができた。

○教員になるにあたって不安や迷いがあったが、講義を聞くことで、解決方法や周りの助けがあることがわかり、安心することができた。また、課題が出てきたときにどのような手段で解決すればよいかわかった。

○実習で道徳の授業を実践したが、やはり難しかった。指導案作成にも苦戦したが、実際にやってみると、そのとおりにいかず、かなり悔しい思いをした。なので、道徳の模擬授業等の演習を通して、実践に備える力を身に付けるとよいと思った。

○学校臨床研究のような実践型の講義が増えると、実習前に自分の課題を見つけ、改善につながると思った。正直、大学の講義が参考になることが少なく、直前の臨床研究で自分の課題が少し見つかった程度だった。

○大学の講義で学んだ内容は役に立つものが少なかったが、学校臨床で学んだことは、実践に近くてとても役に立った。ぜひ前期でやるべきだと思います。

○学習指導に関しては、専攻の授業で専門的に学んだ方がよいと感じました。そのため、道徳や生徒指導を他の講義と連携した上で内容を精査し、後期にて教育実習で発見した課題の解決に努めるべきだと考えます。

○教科指導よりは学校について詳しく知っておきたかった。例えば、一日の流れや授業以外の仕事なども知り、実習に生かせれば、なおイメージしやすかった。

○とても参考になりました。早く現場に出たいと思いました。

○楽しく講義を受けることができました。大変だけど、やりがいのある教師にやっぱりなりたいと思います。

○教師になる意欲が高まる話をたくさん聞かせて頂いた。本当にためになった。

○受講してみて、教師になりたいという気持ちが高まった。勉強のモチベーションにつながった。

○教員になる意欲が高まらなかったのは、自分自身の適性と考え合わせたため、授業のせいではない。実際に授業を見せていただいたことで具体的なイメージが湧いた。技も見つけることができたし、その経験を踏まえて実習中、多くの視点から授業を参観できた。

表9-3　自学自習時間に関する質問と回答方法、平均時間

| 質問番号 | 質問項目 | 回答方法 | 平均時間 |
|---|---|---|---|
| 4-① | 1週間あたりの自学自習時間（授業の予習復習） | 記述式 | 1時間00分 |
| 4-② | 1週間あたりの自学自習時間（授業における発表等の準備） | 記述式 | 1時間53分 |
| 4-③ | 1週間あたりの自学自習時間（レポート等の課題作成） | 記述式 | 2時間00分 |
| 4-④ | 1週間あたりの自学自習時間（自らの課題に対するさらなる探究） | 記述式 | 45分 |
| 4-⑤ | 1週間あたりの自学自習時間（その他） | 記述式 | 2分 |

## 2　考　察

### （1）授業の満足度

　アンケート調査の結果から、学校臨床研究を受講した結果、授業の満足度（質問番号1）は90.1%、学修の手応えに関する質問（質問番号2-①から⑤）で肯定的な回答の平均反応率は86.5%、身に付いたことや今後教師として役立つと思うことに関する質問（質問番号3-①から⑨）では88.0%であることから、学校臨床研究の授業に対して、肯定的に捉えている学生が多いと言える。

### （2）学修の手応え

　学修の手応えに関する質問では、「授業参観や質疑応答を通じて、学校現場の実践が具体的に分かった（質問番号2-①）」「教育実習時の課題を解決するための知見を得ることができた（質問番号2-②）」「少人数での協働的な学びは課題の追究に効果的であった（質問番号2-③）」「授業参観、質疑応答及び発表を繰り返すことで学びが深まった（質問番号2-④）」では、9割近くの学生が肯定的に捉えている。自由記述では、「他の授業よりも実際

の学校現場について学べたし、教育実習で出た自分の中の課題を考えることができました」や「同じ課題意識をもつ仲間と共に追究することで一人で考えるよりもいろんな角度から見ることができ、自分の視野が広がったように感じる」「自分の課題に対して、一人で向き合うには時間も知識も足りないと思っていたけど、同じ課題で仲間と一緒に深く考えることができました」のように、自ら見いだした教育実践上の課題について、他者との対話を通して多面的な視点から考えを深めることに手応えを感じている感想が見られた。複雑で不確実な要素を多様に含む学校現場で、どのように判断や対応することが求められるのかを一人で悩み考えるのではなく、協働的に解決を図るといった現場における教師に求められる資質を身に付けることにつながったと考えられる。

　同じく学修の手応えに関する質問において「学校臨床研究と他の講義との関連を実感することができた（質問番号2−⑤）」では、7割近くと他の質問に比べ、2割近くの開きがあった。自由記述では、「学校臨床研究のような実践型の講義が増えると、実習前に自分の課題を見付け、改善につながると思った」と学校臨床研究で扱った内容について評価する意見がある一方で、「学習指導に関しては、専攻の授業で専門的に学んだ方が良いと感じました。そのため、道徳や生徒指導を他の講義と連携した上で内容を精査し、後期にて教育実習で発見した課題の解決に努めるべきだと考えます」のように、教科教育法など他の授業の内容との関連を捉えることができていない状況もあると考えられる。教科教育法における理論を学ぶ際には、常に実践をイメージしながら、双方を往還しながらそれぞれの学ぶ意義を感じられるようにすることが求められる。

### （3）　身に付いたことや今後教師として役に立つと思うこと

　身に付いたことや今後教師として役立つと思うことに関する質問では、「教育実習等で自覚した自分の課題を明確にすることができた（質問番号3

－①)」といった課題設定力、「自分の課題に基づき授業観察と分析をすることができた（質問番号3－②)」といった授業分析力、「課題解決のために必要な情報を収集及び整理・分析することができた（質問番号3－⑤)」や「気付きや発見、自分の考えなどをまとめ、表現することができた（質問番号3－⑦)」のような課題解決力では、9割以上の学生が肯定的な反応を示している。自由記述では、「教育実習で感じた自分の課題について深く追究することができ、とても実りのある時間を過ごすことができた」「発表形式を学び、実習中に授業で生かすことができた」「身に付けて実践して改良するという考えをもって実習を行うことができた」のように、教育現場における課題解決に必要な能力の獲得について実感している感想が見られた。

　一方で、「学習指導案づくりの参考とすることができた（質問番号3－③)」では、8割を下回り、他の質問に比べて1割近くの差があった。自由記述では、「実習で道徳の授業を実践したが、やはり難しかった。指導案作成にも苦戦したが、実際にやってみると、そのとおりにいかず、かなり悔しい思いをした」「実践に備える力を身に付けると良いと思った」のように、具体的な方策の獲得については物足りなさを感じている状況であると考えられる。


（4）　自学自習時間

　自学自習時間に関する質問では、どの項目においても1週間あたり平均45分から2時間程度の時間が確保されていることがわかる。授業の予習復習については、双方向遠隔授業システムにより配信される授業の指導案を事前配付し、関連する学習指導要領や教科書等の確認をするように促したことによると考えられる。授業における発表等の準備については、グループで協議等を通して見いだした考えを模造紙にまとめたり、模擬授業で表現したりするために準備が必要になったことが考えられる。レポート等の課題作成については、ルーブリックを提示し、求める内容を明確に示した

ことで質の高いレポート作成に時間を要することになったと考えられる。

## （5） 教員志望の高まり

「この授業を受講して、教員になる意欲が高まりましたか（質問番号6）」
では、肯定的に回答した学生の割合は67.5%であった。自由記述には、「と
ても参考になりました。早く現場に出たいと思いました」「楽しく講義を受
けることができました。大変だけど、やりがいのある教師にやっぱりなりた
いと思います」「教師になる意欲が高まる話をたくさん聞かせて頂いた。本
当にためになった」「受講してみて、教師になりたいという気持ちが高まっ
た。勉強のモチベーションにつながった」のように学校臨床研究の受講に
よって教員になる意欲を高めた感想が見られた。一方で、学校臨床研究の受
講によって教員になる意欲が低下したといった感想はなかった。

　肯定的に回答した割合が他の質問に比べて低かったのは、「あなたは教員
を志望していますか（質問番号5）」の質問に対して、「教員を志望している」
と回答した割合が59.4%であったことから、学校臨床研究受講の前に教員を
志望している学生にとっては学校臨床研究の受講が教員志望の要因になった
わけではないことが起因していると考えられる。

　同じく質問番号5で「まだ志望は決まっていない」と回答した割合が
14.0%であった。アンケート実施時期が旭川校では3年の主免教育実習の終
了後、札幌校と釧路校では3年後期であることから、進路選択が迫っている
学生に対して、学校臨床研究を通してより一層教職に対する魅力を伝え、教
員志望を促していくことが求められる。

## 3　ま　と　め

　本章においては、学校臨床研究実施後の学生アンケート結果を基に、学校臨床研究の成果と課題を明らかにした。課題については、全学の学校臨床研究担当者が科目会議で共有し、改善に向けて取り組む必要がある。また、成果についても、学校臨床研究担当者が異動により交代することを考え、学校臨床研究の理念と目的とともに、引き継いでいくことが求められる。

# 第 10 章
# 学校臨床研究の今後の展望
― 旭川校における教育実習前の実施 ―

## 1　はじめに

　旭川校の学校臨床研究は、第7章で示したように主免実習が行われる前の
3年次前期の実施としている。その意図は、教育実習で必要な授業分析力・
授業運営力等、実践に必要な知見のさらなる習得及び能力の一層の伸長を図
ることを目的としているからである。

　教職を目指す学生にとって、主免実習の成否が進路選択を決定する大き
な要因になっている状況がある。学生の中には教職を志して本学に入学する
も、教育実習が思いどおりにならなかったことで、教職への道を断念した者
も少なからずいる。実際に、教員志望に至らなかった学生の声には、「研究
授業がうまくいかなかった」「教育実習で子どもとコミュニケーションが取
れなかった」「教員の仕事に魅力を感じることができなかった」などの理由
が挙げられた。また、学生からは、教育実習前に実習で必要となる授業分析
や授業運営力を身に付けたかったという意見も寄せられていた。

　このような背景から、旭川校では、教育実習前の学びを実践場面である教
育実習で生かすことができるように、理論と実践をつなぐ学校臨床研究とし
て、教育実習前に位置付けている。

## 表10-1 平成30年度 授業後アンケート結果

| 質問番号 | 質問項目 | 回答方法 | 肯定的な回答の反応率（%） |
|---|---|---|---|
| 1 | 授業の満足度について | 選択式 | 63.2 |
| 2-① | 授業参観や質疑応答を通じて、学校現場の実践が具体的に分かった | 選択式 | 82.5 |
| 2-② | 教育実習時の課題を解決するための知見を得ることができた | 選択式 | 72.9 |
| 2-③ | 少人数での協働的な学びは課題の追究に効果的であった | 選択式 | 77.7 |
| 2-④ | 授業参観、質疑応答及び発表を繰り返すことで学びが深まった | 選択式 | 71.4 |
| 2-⑤ | 学校臨床研究と他の講義との関連を実感することができた | 選択式 | 58.0 |
| 3-① | 教育実習等で自覚した自分の課題を明確にすることができた | 選択式 | 80.7 |
| 3-② | 自分の課題に基づき授業観察と分析をすることができた | 選択式 | 78.8 |
| 3-③ | 学習指導案づくりの参考とすることができた | 選択式 | 68.0 |
| 3-④ | 課題追究に必要な情報を収集することができた | 選択式 | 71.4 |
| 3-⑤ | 課題解決のために必要な情報を収集及び整理・分析することができた | 選択式 | 72.1 |
| 3-⑥ | 他の学生と協働して課題を追究することができた | 選択式 | 76.2 |
| 3-⑦ | 気付きや発見、自分の考えなどをまとめ、表現することができた | 選択式 | 78.8 |
| 3-⑧ | 授業を通じて新たな自分の課題を把握することができた | 選択式 | 72.9 |
| 3-⑨ | 課題の解決策を見出し、それを提案することができた | 選択式 | 72.9 |
| 4-① | 1週間あたりの自学自習時間（授業の予習復習） | 記述式 | |
| 4-② | 1週間あたりの自学自習時間（授業における発表等の準備） | 記述式 | |
| 4-③ | 1週間あたりの自学自習時間（レポート等の課題作成） | 記述式 | |
| 4-④ | 1週間あたりの自学自習時間（自らの課題に対するさらなる探究） | 記述式 | |
| 4-⑤ | 1週間あたりの自学自習時間（その他） | 記述式 | |
| 5 | あなたは教員を志望していますか | 選択式 | 49.8 |
| 6 | この授業を受講して、教員になる意欲が高まりましたか | 選択式 | 48.7 |
| 7 | 次年度に向けての意見・提案、受講して感じたこと等 | 自由記述 | |

表10-2　自学自習時間に関する質問項目と回答方法、平均時間

| 質問番号 | 質問項目 | 回答方法 | 平均時間 |
|---|---|---|---|
| 4-① | 1週間あたりの自学自習時間（授業の予習復習） | 記述式 | 28分 |
| 4-② | 1週間あたりの自学自習時間（授業における発表等の準備） | 記述式 | 1時間17分 |
| 4-③ | 1週間あたりの自学自習時間（レポート等の課題作成） | 記述式 | 1時間57分 |
| 4-④ | 1週間あたりの自学自習時間（自らの課題に対するさらなる探究） | 記述式 | 34分 |
| 4-⑤ | 1週間あたりの自学自習時間（その他） | 記述式 | 0分 |

17の質問のうち、12の質問で肯定的に回答する割合が70%を超えている。最も割合が高かったのは「授業参観や質疑応答を通じて、学校現場の実践が具体的に分かった（質問番号2-①）」で82.5%、最も割合が低かったのは「この授業を受講して、教員になる意欲が高まりましたか（質問番号6）」で48.7%だった。

## （3）　後期実施による成果と課題

　アンケート調査の結果から、学校臨床研究を受講した結果、学修の手応えや今後教師として役立つと思うことについて肯定的に捉えている学生が多い。

　学び方に関する質問では、「少人数での協働的な学びは課題の追究に効果的であった（質問番号2-③）」や「他の学生と協働して課題を追究することができた（質問番号3-⑥）」では、8割近くの学生が肯定的な反応を示し、自由記述では、「実際に授業者とも交流することができたので学びも深まったし、（中略）多くの人の課題を知り、その取組を知るのは、新しい気付きもあったのでよかった」といった記述もあり、少人数による協働的な学びによる授業方法を評価していると考えられる。

　受講の成果に関する質問では、「教育実習等で自覚した自分の課題を明確

にすることができた（質問番号3-①）」や「自分の課題に基づき授業観察と分析をすることができた（質問番号3-②）」においても8割近くが肯定的な反応であった。自由記述では、「教育実習が終わってそのままになるだけでなく、自分の追究したいことをいろいろな授業を見て追究するのは大切だなと思いました」といった記述もあり、学生の授業に対する満足度が高いと言える。

授業内容に関する質問では、「授業参観や質疑応答を通じて、学校現場の実践が具体的に分かった（質問番号2-①）」や「教育実習時の課題を解決するための知見を得ることができた（質問番号2-②）」では、7割以上が肯定的な反応であった。自由記述では、「教育実習での課題に対する様々な学びを得られた」といった意見もあり、授業の内容についても、学生の評価が高いと判断できる。

一方、教員になることへの意欲の高まり（質問番号6）は、他の項目に比べ肯定的に受け止める学生の割合が低い結果となっている。受講して感じたこと等（質問番号7）に対する回答の中には、「教育実習前にこの授業をやるか、教員志望の人のみこの授業を受けるようにしてほしい」「教員志望でない人からすると、モチベーションを保ちにくかった」といった意見が寄せられ、教員を志望していない学生にとって、本授業の意義を見いだすことができなかった学生が一定程度いるのではないかと考えられる。

また、「学校臨床研究と他の講義との関連を実感することができた（質問番号2-⑤）」に対しては、肯定的に解答した割合が58.0%と他の質問よりも低かったことから、授業内容について、教科教育法など他の授業内容との関連を図るなどカリキュラム・マネジメントの視点でカリキュラム改革を進めていく必要があると言える。

さらに教育実習終了後の実施では、受講時点ですでに学生自身の進路選択が確定していて、学校臨床研究を受講しても、教員になる意欲を高めることにはつながりにくい状況が推察できた。

　これらの課題に対応するためには、進路選択の節目となる教育実習前にも本授業を実施し、本授業に対する満足度を高めると同時に、充実した教育実習を経験することを通して、教員を志望する意識が高まることが期待できる。

## 3　前期実施に向けての経緯

　前項で述べた課題が明らかになった段階で、学校臨床研究を担当する教員が旭川校キャンパス長に現状報告をし、今後の対応について協議することにした。キャンパス長からは、学校臨床研究担当理事に確認した上で、学生の声を尊重し、旭川校における教員採用試験受検率の向上に寄与することが期待できることから、3年前期の実施に向け、カリキュラム委員会で検討するように指示をする考えが示された。

　まずは、学校臨床研究担当が全学で共通した目的で実施している学校臨床研究であることを踏まえ、授業のフレームをそのままにし、目標を変えて実施することは可能か検討し、その上で、時期を繰り上げることは可能かどうか、他の授業との関連等も含めてカリキュラム委員会に検討を依頼することとした。

　カリキュラム委員会での検討の結果、提案のとおり、3年前期での実施が妥当であるとの判断がなされ、教員会議で協議、了承されることとなった。

## 4　前期実施の成果と課題

### （1）　旭川校での前期実施による学校臨床研究

　旭川校では、平成31（2019）年度より学校臨床研究を3年前期に実施することとなった。その概要については、第7章「旭川校における学校臨床研究の授業実践と考察」で示している。

　前期に授業を実施しての成果を検証するためには、本授業で学んだ学生が卒業後に実践力を兼ね備えた教員として活躍できているかどうかを追跡調査する必要があるが、現時点では、前期に移行して3年目であり、本授業を学んだ学生が学校現場の教員として一定数採用されてから検証したいと考える。

　本章では、前期実施の学校臨床研究に対する学生の評価、また、学生が前期実施の学校臨床研究を受講することでどのように意識を変容させたのか考察したことを示す。

## （2）　前期実施学生アンケートの方法と結果

　平成31年度の受講生に対して、学校臨床研究の授業に関するアンケート調査を下の内容で実施した。

〇回答人数：239人（回答率：88.8%）

〇方法：4件法による回答、自由記述

〇質問項目数：23

〇質問内容：表10-3参照

　調査結果は、表10-3及び表10-4のとおりである。選択式による回答の17の質問項目のうち、15の質問項目で肯定的に回答する割合が70%を超え、平成30年度に比べ3項目増加している。最も割合が高かったのは「授業参観、質疑応答及び発表を繰り返すことで学びが深まった（質問番号2-④）」で94.4%、次に割合が高かったのは「少人数での協働的な学びは課題の追究に効果的であった（質問番号2-③）で93.5%であった。他にも、「自分の課題に基づき授業観察と分析をすることができた（質問番号3-②）」で93.3%、「気付きや発見、自分の考えなどをまとめ、表現することができた（質問番号3-⑦）」で91.9%、「他の学生と協働して課題を追究することができた（質問番号3-⑥）」で91.4%と、主体的・対話的で深い学びの実現に向けた授業改善を9割以上の学生が肯定的に捉えている。

## 表 10-3　平成 31 年度　授業後アンケート結果

| 質問番号 | 質問項目 | 回答方法 | 肯定的な回答の反応率（%） | H30との差（%） |
|---|---|---|---|---|
| 1 | 授業の満足度について | 選択式 | 91.5 | ＋28.3 |
| 2-① | 授業参観や質疑応答を通じて、学校現場の実践が具体的に分かった | 選択式 | 85.6 | ＋3.1 |
| 2-② | 教育実習時の課題を解決するための知見を得ることができた | 選択式 | 89.4 | ＋16.5 |
| 2-③ | 少人数での協働的な学びは課題の追究に効果的であった | 選択式 | 93.5 | ＋15.8 |
| 2-④ | 授業参観、質疑応答及び発表を繰り返すことで学びが深まった | 選択式 | 94.4 | ＋23.0 |
| 2-⑤ | 学校臨床研究と他の講義との関連を実感することができた | 選択式 | 69.2 | ＋11.2 |
| 3-① | 教育実習等で自覚した自分の課題を明確にすることができた | 選択式 | 93.1 | ＋12.4 |
| 3-② | 自分の課題に基づき授業観察と分析をすることができた | 選択式 | 93.3 | ＋14.5 |
| 3-③ | 学習指導案づくりの参考とすることができた | 選択式 | 78.9 | ＋10.9 |
| 3-④ | 課題追究に必要な情報を収集することができた | 選択式 | 89.1 | ＋17.7 |
| 3-⑤ | 課題解決のために必要な情報を収集及び整理・分析することができた | 選択式 | 87.7 | ＋15.6 |
| 3-⑥ | 他の学生と協働して課題を追究することができた | 選択式 | 91.4 | ＋15.2 |
| 3-⑦ | 気付きや発見、自分の考えなどをまとめ、表現することができた | 選択式 | 91.9 | ＋13.1 |
| 3-⑧ | 授業を通じて新たな自分の課題を把握することができた | 選択式 | 88.0 | ＋15.1 |
| 3-⑨ | 課題の解決策を見出し、それを提案することができた | 選択式 | 80.7 | ＋7.8 |
| 4-① | 1週間あたりの自学自習時間（授業の予習復習） | 記述式 | | |
| 4-② | 1週間あたりの自学自習時間（授業における発表等の準備） | 記述式 | | |
| 4-③ | 1週間あたりの自学自習時間（レポート等の課題作成） | 記述式 | | |
| 4-④ | 1週間あたりの自学自習時間（自らの課題に対するさらなる探究） | 記述式 | | |
| 4-⑤ | 1週間あたりの自学自習時間（その他） | 記述式 | | |
| 5 | あなたは教員を志望していますか | 選択式 | 57.9 | ＋8.1 |
| 6 | この授業を受講して、教員になる意欲が高まりましたか | 選択式 | 75.0 | ＋26.3 |
| 7 | 次年度に向けての意見・提案、受講して感じたこと等 | 自由記述 | | |

表 10-4　自学自習時間に関する質問項目、平均時間、平成 30 年度との差

| 質問番号 | 質問項目 | 平均時間 | H30 との差 |
|---|---|---|---|
| 4-① | 1週間あたりの自学自習時間（授業の予習復習） | 1時間35分 | ＋1時間7分 |
| 4-② | 1週間あたりの自学自習時間（授業における発表等の準備） | 2時間5分 | ＋48分 |
| 4-③ | 1週間あたりの自学自習時間（レポート等の課題作成） | 2時間23分 | ＋26分 |
| 4-④ | 1週間あたりの自学自習時間（自らの課題に対するさらなる探究） | 37分 | －3分 |
| 4-⑤ | 1週間あたりの自学自習時間（その他） | 2分 | ＋2分 |

　また、すべての質問項目で平成 30 年度に比べ肯定的に回答する割合が増え、最も増加したのは「授業の満足度について（質問番号 1)」で 28.3%増、次に増加したのは「この授業を受講して、教員になる意欲が高まりましたか（質問番号 6)」で 26.3%増であった。


（3）　前期実施による成果と課題

　アンケート調査の結果から、後期実施であった平成 30 年度に比べ、前期実施の平成 31 年度に受講した学生の学校臨床研究に対する満足度は高くなっていると言える。

　「自分の課題に基づき授業観察と分析をすることができた（質問項目 3-②)」で肯定的に回答した学生の割合が 14.5%増の 93.3%と教育実習で必要な授業分析力の獲得に手応えを感じた学生が増えていると考えられる。また、「課題追究に必要な情報を収集することができた（質問項目 3-④)」で 17.7%増の 89.1%、「学習指導案づくりの参考とすることができた（質問項目 3-③)」で 10.9%増の 78.9%と、教育実習で必要な授業運営力の獲得についても同様の改善が見られた。

　自学自習に関する質問では、授業の予習復習（質問番号 4-①）、授業における発表等の準備（質問番号 4-②）、レポート等の課題作成（質問番号 4

－③）で時間の増加が見られた。学校臨床研究受講後の教育実習では、大学から実習校に実習生が特別の教科道徳の授業を実践する機会を設定するように依頼している。学生にとっては、学級臨床研究の履習直後の教育実習で求められる道徳の授業が展開できるようになることは必要感のあるものとなっている。そこで、学校臨床研究では、教育実習で求められる特別の教科道徳の授業実施に向けて、双方向遠隔授業システムにより配信された授業の視聴を通して学んだことを生かし、模擬授業による発表を課した。そうすることで、学生にとっては、授業時間以外にグループで時間を見いだし、指導案づくりや、授業の練習をすることが必要となったことが考えられる。また、図書館にあるラーニングコモンズや再現教室、学習支援員の活用方法について説明したことにより、主体的・協働的に学びを進めていくための手だてを獲得したことによると考えられる。

　自由記述では、「教育実習に行くまでは、ぼんやりとした目的意識で学校臨床を受けていましたが、実際の児童の前で授業をするとなったとき、臨床の時間に学友と討議したことが生きていることを感じ、重要性を認識できました」や「実習前に授業づくりや学校現場で求められる対応について分かったので安心して実習に臨むことができた」「これから教師になるために、自分にとって何が必要か見つけることができました」「教員になる意欲が高まらなかったのは、自分自身の適性と考え合わせたため、授業のせいではない。実際に授業を見せていただいたことで具体的なイメージが湧いた。技も見つけることができたし、その経験を踏まえて実習中、多くの視点から授業を参観できた」などがあった。

　以上のことから、学校臨床研究の前期実施により、教育実習で必要な授業分析力・授業運営力等、実践に必要な知見のさらなる習得及び能力の伸長をより一層図ることができたと考えられる。学校臨床研究を受講する前の時点で教員志望ではない学生にとっても、主免実習を有意義に終えることにつながったと考えられる。

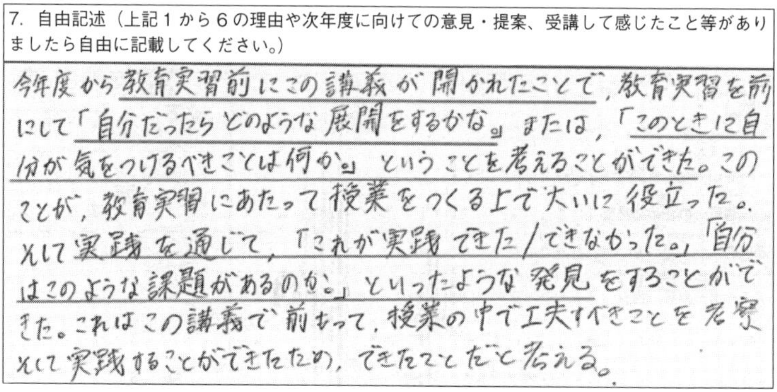

7. 自由記述（上記 1 から 6 の理由や次年度に向けての意見・提案、受講して感じたこと等がありましたら自由に記載してください。）

今年度から教育実習前にこの講義が開かれたことで、教育実習を前にして「自分だったらどのような展開をするかな」または、「このときに自分が気をつけるべきことは何か」ということを考えることができた。このことが、教育実習にあたって授業をつくる上で大いに役立った。そして実践を通じて、「これが実践できた／できなかった。」「自分はこのような課題があるのか」といったような発見をすることができた。これはこの講義で前もって、授業の中で工夫すべきことを考察そして実践することができたため、できたことだと考える。

図 10-1　学生のアンケート記述
（下線は筆者加筆）

　学生の中には、教育実習後の学びの機会を希望する様子も見られる。自由記述の中には、「実習前に受講できたのは良かったし、実習にも役に立った面があった。前期に 12 回、後期に 3 回などにして振り返りの時間を多く取ると、もっと前期にやったことと実習で実際に行ったことをリンクさせて反省できる時間が多く取れるのかなと思った」「絶対に教育実習前に行った方がよいと思います。また、その後の研究という面でも II を行ってほしいです。事前…学校臨床研究 I、事後…学校臨床研究 II というようにしてもらえると、教師を本気で目指す授業を真面目に受け、より良い教師を目指す学生にとっては非常にありがたいものになると思います」のような記載があった。最終回の授業で「教育実習後の 3 年後期に選択科目として学校臨床研究 II があった場合、都合が付けば受講してみたいと思いますか」とアンケート形式で尋ねた結果、71% の学生が、「はい」と答えていることからしても、自由記述の意見のように、実習で見いだした実践上の課題を、大学での学びでさらに深めた上で解決につなげていくという要望は強いと言える。

## 5　ま　と　め

　旭川校の学校臨床研究は、教育実習で必要な授業分析力・授業運営力等、実践に必要な知見のさらなる習得及び能力の一層の伸長を図ることを目的として主免実習が行われる前の３年次前期の実施とした。その結果、受講した学生の授業に対する満足度が高まり、教育実習前の学びを実践場面である教育実習で生かすことができたと受け止める学生の割合も高まった。その結果として、教員になる意欲が高まったと考える学生も増えた。

　今後の展望としては、主免実習前や後だけではなく、より実践的で臨場感があり、学生が課題意識をもって主体的に取り組むことができる授業を主免実習の前後両方に位置付けていくことを考えていく必要がある。

第3部

教職実践研究の実践と考察

第**11**章

# 札幌校における教職実践研究の授業実践と考察

## 1 札幌校における教職実践研究の目指すもの

　教職実践研究は、3年次における教育実習や学校臨床研究などの発展的な学びの場として、学級経営、学習指導、生徒指導等の学校における教育実践に関わる自己課題（学士論文等のテーマ）の探究を志した学生が、「学校現場における実践を対象に理論的・分析的な省察を行い、協働的な追究を通して、学級経営力、授業についての観察・構築力、児童生徒理解・生徒指導力などの能力及び実践に必要な知見のより一層の習得及び伸長を図る」ことを目的としている。

　その目的の達成のために課題解決型の授業を取り入れて、個々の学生が設定した学校における教育活動の実践的な課題の解決を目指している。その具体的な手法としては、札幌校では、フィールド校である札幌市内の小学校、中学校、中等教育学校等を訪問し、授業参観や教職員・児童生徒との交流などを通して、情報の収集や経験の蓄積を行い、学生同士の協働的な学びによって、分析や考察を重ね、課題の解決を図っている。ただし、令和2（2020）年度については、新型コロナウイルスの感染拡大防止の観点から前期に学校訪問を実施することはできない状況となったことから、教職実践研究の目的は変えずに達成することができるよう遠隔授業の内容を工夫し、

個々の学生の課題の解決を通して、実践的な資質・能力の向上を目指すこととした。

## 2　授業の概略

教職実践研究は、平成30（2018）年度から本格実施した4年次対象の選択科目であり、3年次必修の学校臨床研究の発展的な学びの場として位置付いている。したがって、授業の基本的な流れは、学校臨床研究同様、下図のように①「課題の設定」、②「情報の収集」、③「整理・分析」、④「まとめ・表現」の探究の過程を取っている。課題解決型の授業に当てはめると、課題把握の段階が①で、課題追究の段階が②と③、課題解決の段階が④に該当すると考える。

①の「課題の設定」では、個々の学生が教育実習や学校臨床研究で追究した課題や卒業論文等との関連からの課題などを設定しているが、内容的には、学習指導に限定せず、学級経営や生徒指導などに広げてもよいこととし

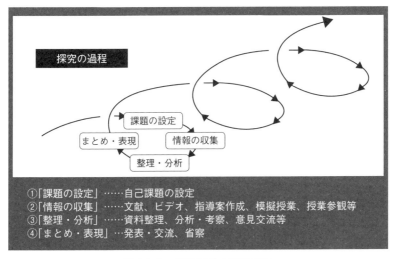

図 11-1　授業の基本的な流れ

ている。②の「情報の収集」では、学校訪問や授業のビデオ視聴などから見聞きしたり文献等を調べたりして、課題の解決に必要な資料を収集している。③の「整理・分析」では、自ら集めた情報を整理し、考察したり、他の学生と意見交流などをしたりすることによって、理解を深めたり考える視点を広げたりしている。④の「まとめ・表現」では、学生が自分の課題について、成果をまとめ、発表して、他の学生との質疑応答を行うとともに、担当教員からの助言指導を受け、最終的なまとめをポートフォリオとして提出している。

## 3 令和元年度（フィールド校訪問実施）における授業の実際

平成30年度と令和元（2019）年度は、札幌市内の小学校、中学校、中等教育学校をフィールド校として訪問することができた。受講者数は、平成30年度は5名、令和元年度は6名となっている。ここでは、令和元年度の授業について詳しく述べることにする。授業の展開については、図11-2の

---

**【授業計画】**

▶ 第1週：ガイダンス、個人別課題の設定（4/9）
▶ 第2週：課題の交流、研究計画の作成（4/23）
▶ 第3〜6週：フィールド校訪問による個人課題の追究
　　　　　　＊あいの里西小、あいの里東小、
　　　　　　　開成中等教育学校
▶ 第7週：学校訪問の情報交流、中間交流会（6/4）
▶ 第8〜12週：フィールド校訪問による個人別課題の追究
　　　　　　　＊鴻城小、あいの里東中
▶ 第13週：学校訪問の情報交流、発表準備（7/2）
▶ 第14週：まとめの発表会①（7/9）
▶ 第15週：まとめの発表会②、講評（7/16）

---

図11-2 令和元年度 授業計画

とおりであるが、基本的には、個々の学生が設定した課題について、フィールド校５校（小学校３校、中学校１校、中等教育学校１校）の訪問を通して追究し、情報交流を通して吟味、検討を進め、発表するという流れである。

## （1）　課題の設定

　第１回目の授業で概要や展開計画等のガイダンスを行い、個々の学生が自分の課題を設定した。受講した学生の進路希望は、小学校の教員志望が２名、中学校の教員志望が２名、高等学校の教員志望が２名であった。中学校と高等学校の教員志望者が多いことから、令和元年度は、開成中等教育学校を訪問することとした。個々の学生の課題については、以下のとおりである。

【令和元年度の学生の研究課題】

> 　「発問などの授業構成、学級経営」「協同学習の授業研究」「学級経営（子どものやる気を引き出す先生の一言、学級のルール）」「学級経営」「学習意欲を喚起する国語科授業におけるゆさぶり発問」「得意な子も苦手な子も学びのある授業、ALT とタスクを活かした授業」

## （2）　課題の追究

　令和元年度のフィールド校訪問においては、学生が参観を希望する学年や教科の授業を参観することに加え、短時間ではあるが、授業者との質疑応答の時間や授業中や休み時間等の児童生徒とふれ合う時間、管理職からの指導・助言など、双方向のやりとりを設定して、より実践的かつ具体的に追究することを重視した。また学生相互による学校訪問後の情報交流や中間交流会等の場を設定し、協働的な学びを通して自らの課題の解決に生かすようにした。

（3）　課題の解決

　授業の総括として、第14回と第15
回の2回に分けて、3名ずつ発表する
形の「まとめの発表会」を行い、5つ
のフィールド校参観を通して得た自分
の課題についての考察や成果、課題
等を10分間、パワーポイントなどに
よって発表し、それぞれ15分間の協

図11-3　まとめの発表会の様子

議を行った。最終日は、担当教員からも学生の発表に対する指導・助言や今
後の学生への期待を述べた。全15回の授業を終えた後は、それまでに作成
した各自の省察シートや各種資料を整理し、まとめのレポートを添えたポー
トフォリオを提出してすべてを終えた。

## 4　令和2年度（フィールド校訪問不可）における授業の実際

　令和2年度は、新型コロナウイルスの感染拡大防止のため、札幌市内の学
校を訪問することは困難な状況であった。そのような中にあっても、16名
の受講者は、本授業をそれぞれ卒業論文や教育実習（副免）、大学院進学や
教員採用等の就職活動に生かしたいという願いと期待をもっていた。本来、
教職実践研究はフィールド校訪問を通して、「学校現場における実践を対象
に理論的・分析的な省察を行い、協働的な追究を通して、学級経営力、授業
についての観察・構築力、児童生徒理解・生徒指導力などの能力及び実践に
必要な知見のより一層の習得及び伸長を図る」ことが目的だが、学生のニー
ズに応えるために、この目的をフィールド校訪問がなくても何とか達成でき
るよう非対面による遠隔授業の内容を工夫して実施することとした。遠隔授
業の方法としては、大学教育情報システムやZoomの活用、またメールや
郵送による資料や課題の提供などを考えた。授業計画や内容等については、

【授業計画】
- ▶ 第 1 週：ガイダンス、課題の設定、研究計画の作成（5/12）情報システム
- ▶ 第 2 〜 4 週：演習①〜CBT（基礎編、応用編、発展編）郵送
  - 解答・自己採点及び作問など
- ▶ 第 5 〜 6 週：演習②〜元札幌市の教員の著書と授業 DVD　郵送
  - 教材づくりの研究及び授業観察
- ▶ 第 7 〜 8 週：演習③〜道徳科の授業づくり　メール配信
  - 授業づくりのポイント、指導案作成
- ▶ 第 9 〜10 週：演習④〜学級経営のポイント　メール配信
  - 学級経営に関する課題の考察
- ▶ 第 11 週：演習⑤〜教職大学院教授による解説　メール配信
  - 中学生理解と生徒指導
- ▶ 第 12 週：教師論、学級経営論、発表準備　Zoom
- ▶ 第 13 〜 14 週：まとめの発表会、講評（7/21、7/28）Zoom
- ▶ 第 15 週：総括 ... レポート、ルーブリック、アンケート（8/4）Zoom

図 11-4　令和 2 年度　授業計画

学生の課題や要望を踏まえ、最終的には図 11-4 に示す計画を立てて実施した。

### （1）　課題の設定

　第 1 回目は、5 月 12 日（火）に実施し、大学情報システムによってシラバスやルーブリック、授業計画（案）などを配付の上、各自の計画書を提出してもらった。なお、この段階では、7 月頃の学校訪問を想定した計画であった。

　学生の課題は、3 年次における学校臨床研究の継続的、発展的な内容や将来、教壇に立った時に備えておくための内容などを深めたいという目的意識のもと、大きく「授業づくり」「学級経営」「生徒指導」の 3 点に整理できた（表 11-1）。

　学生の課題や要望を踏まえ、また、5 月 26 日時点で新型コロナウイルスの感染の収束が見通せない状況から、令和 2 年度は各学校への訪問は実施せ

表11-1　令和2年度の学生の研究課題

| ① | 授業づくり | 発問の工夫、課題探究的な学習、思考力の育成、対話的な学び、問題提示、個に応じた指導、高校の授業改善、英語学習への動機付け、学習過程と時間配分、フィードバック、導入の工夫、学びに向かう力、板書構成、キャリア教育、道徳の授業案 |
|---|---|---|
| ② | 学級経営 | 学級経営力の向上、学級経営の具体事例、学級崩壊の防止策 |
| ③ | 生徒指導 | 自律との関係、自発性の育成、生徒との関係づくり、事例研究、子ども理解 |

ず、図11-4に示す授業計画のように講義の内容を大幅に変更して、大学教育情報システムによる課題対応、Zoomなどによるオンライン授業等の遠隔授業等によって実施することとした。

（2）　課題の追究

　課題の追究については、5回の演習それぞれにおいて、学生は提供された問題集、文献、授業DVD、担当教員作成の資料やパワーポイント等を視聴したり読んだりして、自己の課題の解決に向け、情報収集、整理・分析、考察を行い、まとめとして課題シートや指導案を担当教員に提出した。そして、担当教員がその課題シートに質問への回答や評価のコメントを記載して各学生に返却するというサイクルの取組を5回実施し、学生へのフィードバックを行った。

　具体例としては、演習①の「CBT（基礎編）」の授業においては、各自が問題集の177問すべての問題を解き、課題シートに「成果と課題」「新たな問題の作成」「正答数」等を記載して提出するという取組を行った。課題シートから学生には危機管理や生徒指導、法規等をさらに学んでいく必要があるとの意識があり、作問もこれらの分野に関してのものが多かった。このことは大学において、これらの分野を学ぶ機会をどのように充実させていくかを検討していく余地があることを示しているとも言える。

## （3）　課題の解決

　令和2年度は、各自が自己の課題の解決に向けて、演習や講義を踏まえて得た成果を資料やパワーポイントにまとめ（図11-5）、Zoomによって発表する場を設定した。

　発表者は、1日8名で前半4名、後半4名に分けて、発表をしてその後、質疑応答の時間を設けるという流れで2日間、実施した。

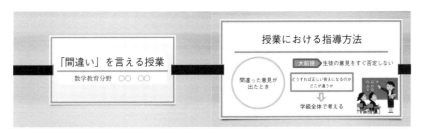

図11-5　発表されたパワーポイント（一部）

　発表時間は、各自5分間という短い時間ではあったが、課題の解決に向けて提供された資料や参考文献などを有効に活用し、まとめた内容をコンパクトに発表していた。質疑応答では、発表された用語（例：訂正フィードバック）や学校における具体的な活用例（例：チャット機能）などの質問があった。また、担当教員からも質問や助言、講評などが行われ、各自、発表した内容を深めたり広げたりすることができていた。また、発表者以外も授業づくりや学級経営、生徒指導について、直接、コミュニケーションを取りながら、知見や視野を広げることができていた。

## 5　成果と課題

　この2年間の教職実践研究の成果を学生のアンケートを基に考察してみると、まず、令和元年度の「本授業の満足度」については6名全員が「非常に満足している」と回答しており、また、「教員になる意欲」についても5名が「かなり高まった」、1名が「少し高まった」と回答している。フィールド校の授業観察や教職員からの助言等から、現場で生きる指導方法等を習得することができたものと考える。また令和元年度は、開成中等教育学校の視察を実施し、国際バカロレアなどの最先端の教育について知ることができ、学生からの評判も高かった。個々の学生の卒業論文や大学院進学、教員採用検査等、今後に向けての意欲や見通しをもつことができ、教職への熱意や期待感を高めることができたものと考える。

　次に令和2年度のアンケート（11名回答）から「本授業の満足度」については3名が「非常に満足している」、8名が「満足している」と回答しており、また、「教員になる意欲」については、7名が「かなり高まった」、4名が「少し高まった」と回答している。フィールド校訪問がかなわなかった中、できるだけ学校現場の具体的なイメージをもちながら実践的な指導の在り方を理解し、指導技術を身に付けることができるよう配慮、工夫した成果が一定程度あったものと捉えている。

　最後に今後に向けての課題と展望であるが、令和2年度のコロナ禍における授業についてのアンケートでは、「学校現場の実践が具体的に分かった」という設問に対して、4名が「どちらかと言えばそう思わない」と回答していることなどから、学校訪問の重要性を改めて強く感じた。ただ、今後、新型コロナウイルスの感染状況によって、学校訪問ができない状況が続く場合の教職実践研究の在り方、内容、方法等の検討をさらに進め、改善・充実を図っていく必要があると考える。教職を目指し、学校における実践的な知見

や指導方法等を真摯に習得しようとする意欲と向学心に溢れた学生に対して、より質の高い授業を研究開発し、提供することが求められていると言える。

第 **12** 章

# 釧路校における教職実践研究の授業実践と考察

## 1　釧路校における教職実践研究が目指すもの

　釧路校での教職実践研究は、3年次の学校臨床研究の発展として4年前期で開講する選択科目である。教科指導や生徒指導、学級経営等の実践的な指導に関わる各自の研究課題の解決に向けて、学校現場での観察や文献調査等を実施することにより、自己の課題の解決を図り、課題を解決する力を身に付けることで、教師として「始めるための力」と「成長し続ける力」の両面を伸ばしていくことを目指す。

　本授業は、新設科目である上に選択とあって、受講学生募集から始める必要があった。このため、校内掲示欄に図12-1のようなポスターを掲示し内容について周知を図った。受講する学生のニーズに合わせて、観察する校種や授業を提供する授業者を決定している。小学校から高等学校、特別支援学

図 12-1　掲示用ポスター

校、研究センター等の協力を得て、幅広いフィールドを活用した指導、助言
を行っていくこととした。

## 2　方　　法

### （1）授業計画

　受講の可否は、受講希望者に講義全体のイメージをもたせ、自分の追究し
たい課題や卒業論文に向けての必要な調査や研究などを丁寧に聞き取り、判
断する。一人について 90 分間の面接を行い、課題意識や今後の活動希望と
実際に提供できる内容のすり合わせを行う。公開してくださる学校の日程に
合わせるため授業日が変則となることや、調査方法として、学校での授業観
察、アンケート分析、ビデオ観察、授業者へのインタビュー、文献調査、研
究会への参加等を考えていることを確認した。また、それぞれの学生は自分
の指導教官にも受講する旨を知らせておくよう指導した。これは特に卒業論
文につなげる学生については何をどこまで教職実践研究で取り扱うかの連携

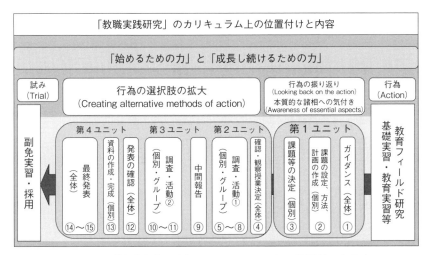

図 12-2　「教職実践研究」のカリキュラム上の位置付けと内容

が必要となると考えたからである。実際に、アンケートを取る際の内容や検証について倫理委員会の審査を受けて実施する必要なケースがあった。アンケートは指導教官の指導で準備して、学校現場での調査は、教職実践研究で行うというように分担が図られた。

（2）　対象学生・期間

　対象となるのは、3年次の学校臨床研究を受講済みで、課題に対して追究を深めたい意向を強くもつ学生である。試行で行った平成29（2017）年度は教育心理学、理科教育の2名で卒業論文のテーマに沿う自己課題がある学生とした。しかし、卒業論文が学校現場の課題とは必ずしも一致しない場合があり、受講の必須条件としないことにした。本格実施の平成30（2018）年度は音楽、社会、美術の3名、令和元（2019）年度は英語、社会、理科教育の3名であった。いずれの年度も、前期開講になっていたが、8月以降に参加したい研究会があることや最終発表を9月末に実施するため、前期終了後にも第4ユニットが行われた。評価については、後期にすることとした。なお、令和2（2020）年度は新型コロナウイルス感染症拡大の影響による学校現場の一斉休校や大学での感染症対策を受けて、開講を後期に移動した。

## 3　平成30年度における授業の実際

（1）　ガイダンス：課題設定と追究の見通し（第1〜3回目）

　課題の決定、方法・計画の作成については、課題の決定、研究方法の決定、参観計画（授業日程は未定だが、観察したい授業の校種、教科の希望）を立てた。音楽専攻の学生は、「音楽科における『学びに向かう力』の育成に向けた学習活動と教師の働きかけ」をテーマとし、小学校から高等学校までの音楽授業の参観や、合唱指導の実際などを体験する計画を立てた。社会科専攻の学生は、「社会科教材としての『資料』の精選視点と類型化」をテー

表 12-1　第 2、第 3 ユニットの日程（平成 30 年度）

| | 附属小学校 | 附属中学校 | 公立学校 |
|---|---|---|---|
| 音楽 | 5/18　1 年 | 5/24　3 年 | 6/11　K 高校 1 年<br>7/1　遠矢コミュニティーセンター合唱<br>NHK の小中高の指導<br>7/22　A 小学校　リコーダー実技指導研<br>　　　　修会<br>11 月　全道音楽研究大会（釧路大会） |
| 社会 | 5/24　3 年 | 5/31　3 年歴史 | 6/21　K 小学校　6 年歴史<br>7/19　M 高校　1 年地理 |
| 美術 | 5/31　4 年図工 | 5/31　3 年 | 6/21　K 小学校　1 年図工<br>6/29　K 中学校　1 年　　3 年 |

マとし小学校から高等学校までの授業参観で発展性を分析することを計画した。美術専攻の学生は「学習者の学びの実感の獲得を促す図画工作教育の在り方」をテーマに、現場の授業が自分の追究課題について大いなる示唆を与えるだろうという予想のもと、各テーマに沿って各自の行動計画を作り上げた。

　附属小中学校の参観はセミナーを活用し、公立学校についてはテーマに合う授業を公開できる教員を学校臨床担当者がピックアップし、所属校の管理職を通してお願いした。


（2）第 2 ユニット：追究活動①と中間報告

　第 2 ユニットでの学校訪問は、5 月 18 日の附属小学校に始まり 5 月 31 日の附属中学校研究会参加で終了した。第 9 回（6 月 13 日）に中間報告とし、中間レポートにまとめて持参し、教員との個人面談を行い、発表とともに次回以降の見通しをたてて課題・方法・内容の再検討を加えた。なお、中間レポートは、文献等、自分で調べたものの内容も含め、ここまでに後半の授業観察の学校を決定しておくこととした。決定したグループや日程は、掲示物で連絡をし、日程が合えば自分の訪問学校以外にも現場を観察する機会とし

て、同行できるようにした。


### （3）　第3ユニット：追究活動②

　第3ユニットは市内の公立学校での授業観察を行った。6月から7月22日の訪問でほとんどを終えた。前日には指導案の検討を行った。観察したいポイントを押さえ、各自で下調べをしておく。当日の授業の観察においては配付してある指導案等を持参し、観察する。なお、後でも観察できるように録画のお願いをした。さらに、可能な範囲で事後検討会に出席したり、授業者との質疑をさせていただいたりした。これまでの大学での学びにおいて見学する機会が少ない高校については教科に関係なく参加をし、小中学校からの関連性や生徒の発達段階の違いを見ることができた。

　音楽専攻の学生は高校教師志望だが教育大学のカリキュラムでは高校をフィールドとした研究活動はなかなかできないところであった。そこでK高校では再度インタビューの時間を別日程で取ってくださり、研究内容へのご意見にとどまらず高校教師としての心構えや合唱指導についてなど、多岐にわたって示唆をいただくことになった。また、H高校退職の音楽教師にも協力をいただき、合奏指導等の実際やアイディアなどを学ぶことができた。本講義のねらいである「始めるための力」を育む素地をつくることができた。


### （4）　第4ユニット：発表、交流

　最終発表では、課題追究についての考察や成果、新たな課題などについて15枚程度の論文形式でまとめた。テーマが直接的に卒業論文に関わらないとしても形式や方法を学び、その後の研究活動に役立つと思われる。全体への発表用にはA4サイズ1枚程度のまとめとパワーポイントを作成した。発表は9月26日1、2講目に双方向遠隔授業システムを活用し、他のキャンパス（平成30年度は旭川校）と行った。適性人数を考えてキャンパス校を決定した。

図 12-3　発表されたパワーポイントの例　　図 12-4　旭川校との交流風景

　釧路校 3 名、旭川校は 2 名が参加をして、発表は一人につきプレゼンテーション発表を 15 分、質疑応答等 10 分であった。大画面に発表資料、小画面には双方向の画像を流し、進行は両校の教員が行った。活発な質疑が行われ深まりを見せた。

## 4　令和元年度における授業の実際

### （1）　ガイダンス：課題設定と見通し（第 1 〜 3 回目）

　テーマは英語研究室所属の学生は「『主体的・対話的で深い学び』を実現することのできる外国語教育の在り方」で、他は「授業における『会話』と『対話』の必要性」「今までの教育とこれからの教育」であった。附属小中学校のセミナーを活用することとし、公立校については各自のテーマに合った授業提供者を学校臨床担当者が選定し、フィールド校としての依頼を行った。平成 30 年度とはテーマが違うため、新たなフィールド校の開拓が必要であった。

### （2）　課題の追究

　令和元年度は数多くの授業を参観し、省察を加えることで課題解決に向かう計画を立てた。16 本の授業の中から自分の課題追究に必要な授業を選

表 12-2　第2、第3ユニットの日程（令和元年度）

| 日　時 | 場　所 | 教科等 | 参観者 |
|---|---|---|---|
| 5月22日（水） | 公立 T 小学校3年 | 算数（ICT 活用） | 3名 |
| 5月27日（月） | 附属小学校1年 | 生活科「はるの　ふしょうのもり」 | 2名 |
| 5月30日（木） | 公立 O 小学校5年 | 外国語 | 3名 |
| 6月7日（金） | 附属中学校2年 | 技術・家庭科（プログラミング） | 1名 |
| 6月11日（月） | 附属中学校3年 | 英語「Lesson3」 | 1名 |
| 6月12日（水） | 公立 K 小学校 | 複式授業（国語） | 3名 |
| 6月18日（火） | 附属小学校 | 社会「安全なくらしとまちづくり」 | 2名 |
| 6月24日（月） | 公立 S 中学校2年 | 英語「Lesson3」 | 1名 |
| 6月26日（水） | 附属小学校4年 | 図工「まぼろしの花」 | 3名 |
| 6月27日（木） | 附属小学校1年 | 算数「ひきざん」 | 1名 |
| 6月27日（木） | 附属小学校4年 | 算数　速水保宏先生出前授業 | 3名 |
| 6月27日（木） | 附属中学校1年 | 数学「文字と式」 | 1名 |
| 7月2日（火） | 附属小学校6年 | 総合的な学習の時間 | 2名 |
| 7月3日（水） | 附属小学校2年 | 道徳「はりきりパンダとだらだらパンダ」 | 1名 |
| 7月4日（木） | 附属小学校5年 | 国語「大造じいさんとガン」 | 2名 |
| 7月11日（木） | 公立 K 小学校5年 | 総合的な学習の時間 | 2名 |

択して参観することとした。日程の関係上、附属小中と公立学校の日程的な区別は無くした。参観者での指導案の事前検討は難しく、配信された指導案を各自で検討し、参観当日は各自で印刷をして持参した。当日配付の授業もあった。いくつかの授業については授業後の研究協議に参加をすることもでき、現職教員との交流も図られた。中間発表や全員での考察は実施せずに、参観をした授業についての考察を各自で行い「授業記録のまとめ」として提出した。


（3）発表と交流

　最終発表は9月25日1、2講目に函館キャンパスと双方向遠隔授業システムを活用し交流を行った。それに先立って、9月19日にはそれぞれの発表

教職実践研究ワークシート　「授業観察後のまとめ」

学生番号（　　　　　）　名前（　　　　　　　　　）

1　観察した授業の基礎データ

| 日時・時間 | |
|---|---|
| 学校名 | |
| 学年・組 | |
| 指導者 | |
| 児童・生徒数 | |
| 教科 | |
| 単元・題材名 | |

2　観察したこと（結果）と考えたこと（考察）を整理しましょう。

観察したこと（結果）
・身振りやジェスチャーを大きくしていた。
・How are you ？と尋ねた後に、Why ？とプラス α の質問をしていた。
・実際にデモンストレーションがあると、児童も理解しやすい。
・児童が日本語で話したことを英語で返していた。
・発音を重視していた。→ 舌の使い方など
・アルファベットの確認をする際に、アルファベット文字を指差ししながら確認をしていた。（A から Z、Z から A）
・教室内にアルファベット表記のものがたくさんあった。
考えたこと（考察）
・チャンツを用いることにより、会話文が覚えやすくなる。
・お店屋さんごっこにすると、児童も楽しんで活動を行うことができるし、身近に感じやすくなる。
・できるだけ日本語を用いらないようにすることが大切であると感じた。
・学校全体で外国語教育に関する取り組みを全面的に行うべき。（環境整備など）
・教師から英語に触れ、児童に英語のよさを伝えることが大切。

図 12-5　ワークシートの記載例

資料とパワーポイントを持ち寄り、最終の検討を加えている。当日はプレゼンテーション発表を 15 分、質疑応答を 10 分とした。釧路校 3 名、函館校 1 名が発表した。進行その他は平成 30 年度と同じであった。

## 5　成果と課題

　各年度のアンケート結果として、試行を含め、授業の満足度は高いものであった。卒業論文の作成に向けた方向性を見いだしたり、アンケート調査を実施できたり、論文作成に資する知見を得られたりと、深いかかわりで受講できた学生もいた。しかし、卒業論文そのものが学校現場をフィールドとして研究を行わない研究室に所属している学生も多かった。教育実習後の自分の課題を解決するためにテーマに沿った授業を参観したり、教員との協議を行ったりできたことが評価された。実習生の立場では聞けなかった質問や、学級経営上の疑問なども取り上げられ、新しい視点を得ることができた。自由記述には「課題追究だけでなく新たな課題を見つけることもできた」「授業のイメージができた」との声が多く、このため「今後も学び続けていきたい」という意欲につながっている。「自分がなりたい教師像」を明確にして、学級経営や生徒指導などのイメージを膨らませ、課題解決に向け追究した姿勢は、採用試験に向けての準備にも生かされてきた。「始める力」の部分は達成できたと考える。

　課題としては、他の学生との協働的な解決をする機会をまとめの段階以外にはもてなかったことである。課題追究が個々になり、交流は限定的であった。

　また、新型コロナウイルス感染拡大防止の対策を受けて、今後の本授業をどのように展開していくかも大きな課題になるであろう。現場での授業観察や交流を柱として組み立ててきたので学校訪問が不可能になった時を想定していない。

　1、2年次のフィールド研究で現場を知り、3年で教育実習を体験し、4年でのさらに絞り込んだ課題に対して現場研究をする貴重な機会を得られることは教員養成大学としての一連の流れとして非常に効果的である。過去3年間で受講した学生は、全員が全国で教員として活躍しており、今後も研修、研究する姿勢を保ち「成長し続ける力」を体現していくことを期待している。本授業としても学生の期待に応えるべく、要望に合った授業提供やファシリテーターとしての責務を果たさなければならない。

# 第 **13** 章

# 旭川校における教職実践研究の授業実践と考察

## 1　旭川校における教職実践研究の目指すもの

　旭川校は他のキャンパスと異なり 3 年次における教育実習 I （主免実習）を中核に据え、学校臨床研究（3 年次前期必修、詳細は第 7 章、10 章）と教職実践研究（4 年次前期選択）がその前後に位置するカリキュラム編成となっている。他キャンパスにおける学校臨床研究が主免実習の後に位置付けられ、実習を通して明らかになった自身の教師としての課題を追究する学びとなるように構成されているのに対し、旭川校では教職実践研究がその役割をも担っているという側面がある。教育実習と教育現場をより直接に接続し、即戦力に近い形で働くことができる学生の育成を目指している。

　実際に教職を目指す意志が強い学生にとっては、「主として学校現場を対象に理論的・分析的な省察を通して、学級経営力・授業観察力・授業運営力実践に必要な知見のさらなる習得及び一層の伸長を図る」ことを目的とした本授業は、令和 2 （2020）年度受講希望第 1 次調査において、非常に多くの学生から

図 13-1　教職実践研修の説明資料

受講への希望が寄せられた（定員14名程度に対し、100名以上の希望があった）。

## 2　授業の概略

本授業の概略は以下に示すとおりである。

① 　オリエンテーション、面談による受講者の決定

② 　課題の設定と研究計画の策定

③ 　課題の追究・解決

④ 　まとめ（レポート・模擬授業・パワーポイントによる研究発表等）

本授業は、課題解決型の授業を取り入れ、個々の学生が設定した学校における教育活動の実践的な課題を解決する授業である。

その大きな特徴は「実践の現場に近いこと」である。文献研究と並行して、「現場の教師に直接話を聞くこと」「各種研究会に直接参加すること」「模擬授業などで実際に試すこと」「同じ授業を受けているもの同士で学び合うこと」「学んだことを学士論文などに活用すること」が課題解決の方法であり、設定した課題（本授業で追究したいこと）がこれらの解決方法に合致しない学生は、基本的には受講を許可しないこととした。

旭川校では、実践的に学ぶ場として、旭川市内の小学校、中学校、高等学校等の訪問や、上川教育研修センターの各講座及び旭川市内で実施された各教科等の全道大会への参加を設定し、各自の課題解決に当たっている。

特に、③追究・解決の段階では、課題追究の過程で共通する問題に取り組んでいる学生同士でグルーピングし、学び合う場面を設定した。

また、各学校訪問の際には、各自の課題や見学したい教科・内容等についても連絡調整を図ることで、公開授業や資料、質疑の時間の確保など十分に対応していただいた。

令和2年度については、新型コロナウイルスの感染拡大防止の観点から、

教職実践研究を後期の開講へと変更した。各種研究会等への参加はできなかったが、感染対策を徹底することで小学校2校、中学校1校を訪問して授業参観させていただいた。質疑の時間も確保していただいた上に、後日メールによる対応をしていただくなど、現場の対応には大変感謝している。

## 3　令和元年度における授業の実際

### （1）　課題の設定

　令和元年度の受講生は13名であった。前年度に受講した学校臨床研究での学び、教育実習Iでの経験に基づいて課題を設定している（各学生の専攻と課題については表13-1で示し、図中の矢印は課題が追究の過程を経て変

表13-1　受講生の追究課題と専攻、希望校種

| | 受講者（専攻） | 追究課題 | 希望校種 |
|---|---|---|---|
| 1 | IJ（社会科教育） | 効果的な教材開発、発問、指示の仕方<br>→ 発問、指示 | 中学校 |
| 2 | IK（教育発達） | 児童の実態に合わせた授業ルールの開発 | 院・特支 |
| 3 | OR（理科教育） | 課題設定を生徒自らが決められるような導入づくり | 中学校 |
| 4 | KT（英語教育） | 生徒の興味・関心を高められる授業での手立てや工夫 | 中学校 |
| 5 | KS（数学教育） | 習得・活用・探究に向けた授業をつくる | 中学校 |
| 6 | KK（理科教育） | 話合いの有効活用について<br>→ 話合い活動の有効活用と教師の声掛け | 小学校 |
| 7 | SS（社会科教育） | 思考力・判断力・表現力を育成する授業方法の研究<br>→ 判断力について（各教科の判断力を踏まえて） | 小学校 |
| 8 | SA（英語教育） | 効果的な板書やICT教材について<br>→ ICTの活用について | 小学校 |
| 9 | SK（数学教育） | 生徒が「分かる、楽しい」と思える授業について | 中・高校 |
| 10 | TY（理科教育） | 興味・関心を引きつつ、内容がしっかり記憶される授業とは<br>→プログラミング教育に向けた教材について | 小学校 |
| 11 | NK（理科教育） | 主体的な学びにつなげる評価について | 小学校 |
| 12 | MY（理科教育） | 生徒を授業に引き込む方法・工夫、授業づくり | 中学校 |
| 13 | MS（理科教育） | 児童生徒の関心を引き出す授業展開 | 中学校 |

## 表13-2　課題追究の経過

| 期　日 | 研究会・研修会名 | 会　場 | 内　容 |
|---|---|---|---|
| 4月15日 | ガイダンス | N330 | |
| 5月7日 | 研究計画策定 | N330 | |
| 6月3日 | 旭川市立永山西小学校訪問 | 永山西小 | 授業参観、インタビュー※ |
| 5日 | センター講座（特別支援） | 愛宕小、永山中 | 授業参観、講義※ |
| 10日 | 旭川市立神楽中学校訪問 | 神楽中 | 授業参観、インタビュー※ |
| 14日 | ミニ道研（保護者対応、プログラミング） | 上川教育研修センター | 講義等※ |
| 21日 | 附属旭川小中教育研究大会 | 附属小中 | 授業参観等※ |
| 7月19日 | ミニ道研（授業づくり、学級経営・道徳） | 上川教育局 | 講義等※ |
| 29日 | センター講座（幼保小連携） | 上川教育研修センター | 講義等※ |
| 8月8日 | センター講座（いじめ・不登校） | 上川教育研修センター | 講義等※ |
| 9日 | センター講座（外国語） | 上川教育研修センター | 講演、講義等※ |
| 26日 | センター講座（道徳） | 近文第2小、光陽中 | 授業参観等※ |
| 27日 | センター講座（理科） | 西御料地小、東明中 | 授業参観等※ |
| 29日 | センター講座（数学） | 陵雲小、春光台中 | 授業参観等※ |
| 9月4日 | センター講座（外国語） | 永山小、神居東中 | 授業参観等※ |
| 10日 | センター講座（ICT） | 北光小 | 授業参観等※ |
| 10月4日 | 北海道学校図書館研究大会 | 北光小、勤福会館 | 授業参観等※ |
| 10日 | センター講座（社会） | 忠和小、北星中 | 授業参観等※ |
| 16日 | 旭川市教育研究会（数学、理科） | | 授業参観等※ |
| 24日 | 研究計画中間まとめ | N330 | |
| 25日 | 北海道放送教育研究大会 | | 授業参観等※ |
| 11月15日 | | | |
| 12月4日 | 教育評価に関する学習会 | 山中研究室 | ※ |
| 17日 | 旭川西高校訪問 | 旭川西高 | 授業参観等※ |
| 18日 | 旭川市立朝日小学校訪問 | 朝日小 | 特別支援インタビュー※ |
| 26日 | 授業づくりに関する学習会 | 林崎研究室 | ※ |
| 2月3日 | 研究まとめ① | N330 | |
| 4日 | 研究まとめ② | 仮設教室 | 模擬授業 |
| 7日 | 研究まとめ③ | N217 | |

更したことを示す）。課題については学生の思いを尊重し、内容を深く掘り下げるような支援を心掛けながら設定した。

受講生は小学校教員志望が5名、中学校教員志望が6名、中学校もしくは高等学校教員志望が1名、進学もしくは特別支援学校志望が1名であった。全員が主に授業づくりに関する課題を設定している点、受講した学生の教科専攻が多岐にわたっている点に特徴がある。

（2）課題の追究

課題追究の経過は表13-2に示すとおりである。学生の履修状況と学校現場の都合等を合わせて調整する必要があることから、履修学生の研究推進に極力合わせ柔軟に対応した（表13-2中の「内容」における※は選択を表す）。自分の課題と研修内容から受講するかどうかを判断し、必修の授業を加えて最終的に15回の受講となるようにフレキシブルな授業展開とした。

（3）研究中間まとめ・学習会

10月24日の研究中間まとめの際に、それぞれ研究の追究過程で取り組んでいる内容に共通する要素が見られた。そこで、当初の予定にはなかったのだが、それぞれ「学習評価」「授業づくり」に関する学習会を実施した（選択）。

図13-2 上川教育研修センター講座の様子

各教科における具体的な考え方を共有することで、自分の専攻する教科の独自性・本質について深く考える契機となった。表13-1における7の学生は、本授業の学びをさらに広げて、本授業を受講していない専攻の学生にも取材するなど、各教科における判断力について整理・分析し、自身の考えを

まとめあげることへとつながった。


（4）　まとめ

　授業の総括として、2月3、4、7日の3回に分けて「研究のまとめ」を発表した。それぞれ、自分の学びを最も表しやすい形で発表するようにした（レポート、パワーポイントによるプレゼンテーション、模擬授業）。

　追究活動を通して得た自分の課題についての考察結果及び成果と課題について発表し、学生同士で協議を行った。

　表13-1の12の学生は自身の実践を改善し、模擬授業の形式で発表した（図13-3）。また、3の学生は、理科の一教科用図書における各単元の導入の工夫についてまとめた。4月から教壇に立つことを念頭にした実践的であった。

図13-3　模擬授業による研究まとめ（理科）


## 4　令和2年度における授業の実際


（1）　課題の設定

　令和2年度の受講生は9名であった。課題設定については令和元年度と同様、学生の思いを尊重し、内容を深く掘り下げるような支援を心掛けながら設定した。

　受講生は小学校教員志望が3名、中学校教員志望が6名であった。9名中6名が英語教育専攻の学生であること、授業づくり以外の観点から課題を設定した学生が半数程度いることに特徴がある。

---

**【主な課題】**

・"気になる子"への支援　・リスニング能力とリテリングの成績の相関

・生徒指導方法の変遷～叱るから褒めるへ

・ICT 機器の活用　・アクセントの指導　など

---

（2）課題の追究

　課題の追究に関しては、新型コロナウイルスの感染拡大防止の観点から後期開講にしたため、令和2年度は以下の点で非常に困難であった。

　　・追究の期間そのものが実質2～3か月になってしまったこと

　　・上川教育研修センター講座、研究大会等への参加ができなかったこと

　　・学校訪問が困難な状況であったこと

　そのような中にあっても、「教師としての後輩を育成するため」と十分な感染対策を取った上で小学校2校、中学校1校に訪問を受け入れていただいた。実際に児童生徒と触れ合うことはできなかったが、授業中の教師の言動や児童生徒の様子を見ることができたのは非常に重要であった。

　図13-4は東神楽町立東神楽中学校を訪問した際に、授業後に担当教諭に質疑の時間を取っていただいたときのものである。こちらからのリクエストに応じて、ICT 機器を活用した英語の授業を公開していただいた。

図13-4　東神楽中学校での質疑

　「ICT 機器はあくまでも学習の手段であるが、場合によってはその活用方法を学ぶことが目的に時間になることもある」など、実践的な話合いの時間となった。やはり、疑問に感じたことやその意図を直接質問することができたことは、本授業において大きな価値がある。

図13-5 は、中間まとめの際に、学生各自の研究を関連付けてまとめたものである。担当者がファシリテーターとして各発表内のキーワードを拾い上げ、学生に問い返しながら、視覚化していった。専攻する教科の特性により

図 13-5　それぞれの課題追究の関連

考え方の差異が見られ、その教科の本質は何か、そのために何が必要なのかといった議論へとつながった。

## （3）まとめ

授業の総括として、1月18、19、20日の3回に分けて「研究のまとめ」を発表した。令和2年度もそれぞれ自分の学びを最も表しやすい形式を選択するようにした。

ICT 機器や生徒指導、特別支援教育を課題にした学生が多かったこともあり、学校だけではなく、各関係機関や教育委員会との連携など、広い視点からも議論された。正解のない問答であり、自分なりの納得解がもてる場となるように配慮した。

図 13-6　パワーポイントによるプレゼン

## 5　成果と課題

## （1）　成果（令和元年度教育実践研究に関するアンケートより）

「授業の満足度」については13名全員が「非常に満足している（10名）／満足している（3名）」と回答している。「教員になる意欲」についても全員が「かなり高まった（11名）／少し高まった（2名）」と回答している。また、

「新たな自分の課題を把握することができた」についても全員が「そう思う(12名)／どちらかといえばそう思う(1名)」と回答している。以上のことから、学生の期待に応える学びを提供できたと考える。

## （2）課　題

　自由記述より、「他の学生との意見交流の機会をもっと設定してほしかった（2名）」という回答があった。担当者としては十分に確保したつもりであったが、こちらの想像以上に学生にとって意見交流による学びには価値があったと思われる。

## （3）学生の言葉より

　令和元年度に本授業を受講し、令和2年4月から旭川市内の中学校に勤務している加藤教諭に、「教職実践研究での学び」について振り返ってもらった。

　加藤教諭は本授業の学びの価値について、①「他の講義と比べて授業実践を多く見ることができたこと」、②「教職への意識が高い他専攻の学生との意見交流が刺激になったこと」の2点を繰り返し述べていた。

図13-7　加藤教諭（令和2年8月）

　「意欲の高い学生が多くの実践から謙虚に学び、他者との意見交流を通して新たな見解を得る」今後も旭川校の教職実践研究は、このサイクルをスパイラルに展開し、学生の期待に応える授業を目指していきたい。

# 第 14 章

# 函館校における教職実践研究の授業実践と考察

## 1　は じ め に

　函館校における教職実践研究は、平成29（2017）年度の試行期間を経て、平成30（2018）年度より国際地域学科地域教育専攻の4年次を対象に前期の選択科目として開講している。教育実習や3年次後期の学校臨床研究を踏まえ、教科指導や生徒指導などの教育実践に関する学士論文の作成を志した学生が、各自のテーマに基づき、児童・生徒、保護者（PTA）、教職員、教育委員会などの教育に関係する者を対象に理論的・分析的な省察を通して、学級経営力・授業観察力・授業運営力の向上を目指すとともに、課題解決の方策等について、観察や演習、実習等を通して協働的に研究を進めることにより、学士論文作成の一助になることもねらいとしている。また、学校をはじめとする学外のフィールドでの研究においては、担当教員が主となって関係機関と連絡調整を図るなど、研究推進のための環境整備について積極的に支援を行う。なお、支援内容については、ゼミ担当教員と緊密に連携を図りながら対応することとしている。

## 2 授業の概略

　平成31（2019）年度の授業は4名が履修した。原則、前期の開設科目となっているが卒業研究に連動しながら研究を推進することから、前期から後期にまたぐ形で授業回数も予定の回数よりも多く行った。第1回目のガイダンスでは、本授業の内容や授業の目標、到達目標を確認する時間とした。なお履修した学生の所属研究室は複数にわたり、大学での研究と学校現場での実践研究を個別の状況に合わせて調整する必要があることから、固定した時間の中で授業を行うのではなく、履修学生の研究推進に極力合わせ柔軟に対応した。

### （1） 授業内容
　「教育実習」や「学校臨床研究」を契機として、教科指導や生徒指導など、学級経営等の教育実践に関わる学士論文等の作成を志した学生が、各自のテーマに基づき、学校を対象に理論的・分析的な省察を通して、学級経営力・授業観察力・授業運営力の向上を目指して協働的に追究する。

### （2） 授業の目標
① 文献研究や臨床研究、他の学生と協働的に追究等を行い、その過程や得られた知見等に基づき課題解決の方策などを提案することができる。
② 教育に関する理論及び方法を生かし、教育実践を展開する基礎を身に付ける。

（3）　到達目標

①　教育実習や学校臨床研究などの経験や学びを省察し、追究する課題を設定することができる。

②　自己課題（学士論文等）の追究に向けて、研究の対象や方法、実施日程等の研究計画を構想することができる。

③　設定した研究計画を基に、自己の課題について解決の方法を追究することができる。

④　追究を通して得られた知見を整理・分析し、自己の考察について表現することができる。

⑤　学修を通して、今後の自己課題（学士論文等）の解決に向けて、整理することができる。

## 3　教職実践研究の実際

　平成 31 年度の授業は以下に記述のとおり、個々の設定した研究テーマに沿った研究計画を立てて研究を推進した。ここでは、取組の概要のみ紹介する。なお、4 名の学生は、ABCD で示す。

（1）　A のテーマ「算数文章題による算数に対する苦手意識の改善」

　函館市内の学童保育施設に通う第 4 学年の児童 7 名を対象にアンケート調査と算数の総合問題テストを実施し、文章題に対して苦手意識のある児童を選定する。選定した児童を対象に、指導前後の学力の変化を見るためにプレテストを行う。プレテストを基に算数文章題の指導を全 8 回行う。指導を行った児童に再度アンケート調査とポストテストを実施し、算数文章題への苦手意識や算数に対する意識改革があったのかを検証する。

（2）　Bのテーマ「小学校外国語教育における CLIL の実践研究」

　函館市内の小学校第6学年の児童を対象に、算数科の内容を取り入れた外国語の授業実践を行う。児童の活動の様子を録画記録し、分析の際に活用する。授業後に質問紙調査を行い、異文化理解への意欲、思考活動等について分析する。授業中の児童の様子や質問紙調査の結果を踏まえ、算数科の内容を取り入れたCLIL授業の可能性について考察する。

（3）　Cのテーマ「体育授業における他者受容感が高まる要因の検討及び
　　　　それらと自尊感情との関係」

　運動部活動に所属している学生を対象に、親・指導者・部活動の仲間からどのような関わりによって他者受容感が獲得できるのかを質問紙調査によって明らかにする。はじめに予備調査を実施し、親・指導者・仲間から受けた応援や励ましについて自由記述で回答を求め、予備調査から得られた回答を用いて、質問紙での本調査を行う。その後、インタビューによる調査を行い、調査結果を基に考察する。

（4）　Dのテーマ「小学校体育授業における学習動機と運動の好き嫌いの
　　　　関連について」

　函館市内の公立小学校の小学校第6学年2クラスの児童を対象に質問紙調査を実施するともに、器械運動、跳び箱、ミニバレーボールの授業を観察した。授業観察では、特に運動が不得意で運動が好きな児童と、運動が不得意で運動が嫌いな児童に着目し、授業にどのような行動や発言が見られるかを中心に観察する。学習動機の質問紙調査の結果と授業観察記録を基に考察する。

## 4　教職実践研究の成果と課題

　平成 31 年度の授業を履修した 4 名の学生は、全員が教員志望であった。学校現場等を対象に各種調査や授業観察を通した研究推進は手応えを感じたようである。授業後のアンケート結果では、特に「課題についての文献研究や成果発表、質疑応答等、多様な追究活動を通して、課題に関する学びがあった」「自分の研究テーマに基づき授業観察と分析をすることができた」「学士論文等作成の参考となる参観実習とすることができた」「課題追究に必要な情報を収集することができた」「課題解決のために必要な情報を収集及び整理・分析することができた」「気付きや発見、自分の考えなどをまとめ、表現することができた」の項目で高い評価を得ることができた。今後は、教員を志望する多くの学生が、学校現場を対象とした卒業研究を希望する場合、どれだけ希望に沿った形で対応できるかが課題である。

第 **15** 章

# 教職実践研究における学生アンケート から見る成果と課題

## 1 学生アンケートの方法と結果

　令和元（2019）年度の受講生に対して、教職実践研究の授業に関するアンケート調査を次の内容で実施した。

　○回答人数：26人（回答率：100%）

　○方法：4件法による回答、自由記述

　○質問項目数：18

　○質問内容：表15-1参照

　アンケートのうち、4件法による回答の質問において、「そう思う」「どちらかと言えばそう思う」（質問番号1では「非常に満足している」「満足している」）と肯定的に回答した割合は、表15-1に示すとおりである。

　選択式による回答の17の質問のうち、13の質問で肯定的に回答する割合が70%を超えている。特に、「課題解決のために必要な情報を収集及び整理・分析することができた（質問番号3-⑤）」「気付きや発見、自分の考えなどをまとめ、表現することができた（質問番号3-⑦）」「参観を通じて新たな自分の課題を把握することができた（質問番号3-⑧）」では100%となった。一方で、「学士論文の作成に資する知見を得ることができた（質問番号2-②）」「学士論文の作成に向けて、自身の研究テーマと学校での実践

表15-1　アンケートの質問項目と回答方法、肯定的な回答の反応率

| 質問番号 | 質問項目 | 回答方法 | 肯定的な回答の反応率（%） |
|---|---|---|---|
| 1 | 授業の満足度について | 選択式 | 96.2 |
| 2-① | 授業参観や質疑応答を通じて、学校現場の実践が具体的に分かった | 選択式 | 96.1 |
| 2-② | 学士論文の作成に資する知見を得ることができた | 選択式 | 61.6 |
| 2-③ | 少人数での協働的な学びは課題の追究に効果的であった | 選択式 | 96.2 |
| 2-④ | 課題について文献研究や成果発表、質疑応答等、多様な探究活動を通して、課題に関する学びがあった | 選択式 | 96.1 |
| 2-⑤ | 教職実践研究と学校臨床研究や他の科目との関連を実感することができた | 選択式 | 88.4 |
| 3-① | 学士論文の作成に向けて、自身の研究テーマと学校での実践との関係を明確にすることができた | 選択式 | 65.4 |
| 3-② | 自分の研究テーマに基づき授業観察と分析をすることができた | 選択式 | 92.3 |
| 3-③ | 学士論文等作成の参考となる参観実習とすることができた | 選択式 | 61.5 |
| 3-④ | 課題追究に必要な情報を収集することができた | 選択式 | 96.1 |
| 3-⑤ | 課題解決のために必要な情報を収集及び整理・分析することができた | 選択式 | 100 |
| 3-⑥ | 他の学生と協働して課題を追究することができた | 選択式 | 92.3 |
| 3-⑦ | 気付きや発見、自分の考えなどをまとめ、表現することができた | 選択式 | 100 |
| 3-⑧ | 参観を通じて新たな自分の課題を把握することができた | 選択式 | 100 |
| 3-⑨ | 学士論文等作成に向けた方向性を見いだし、それを提案することができた | 選択式 | 65.4 |
| 4 | あなたは教員を志望していますか | 選択式 | 92.3 |
| 5 | この授業を受講して、教員になる意欲が高まりましたか | 選択式 | 96.2 |
| 6 | 次年度に向けての意見・提案、受講して感じたこと等 | 自由記述 | |

## 表15-2　自由記述の内容（一部）

○この講義を受講したことで、教職に対する意識が高まりました。

○多くの学校で授業を参加することは、実際の現場を見ることにつながり、生徒の様子や教材研究の時間を取れないことなど、学校のリアルを知ることにもつながりました。また、基礎実習とは違い、学校臨床や教育コーディネーターの先生方、学校の先生方、学生同士といった少人数で話すことによって自分の意見が整理できるだけでなく、自分に必要な情報を端的に得ることができました。時期の面でも、教育実習を終えて行うことで、自らの課題を明確にしたうえで授業見学を行うことができました。

○この授業で、実践に触れる機会を多くもつことができ、学士論文のためだけでなく、これから教師になる上での大きな学びになりました。

○学校訪問や研究大会など現場を学べる時間が多くあり、教師として勉強になることばかりだった。意欲のある学生のみなさんとの交流は、とっても刺激的で楽しかった。

○少人数の強みというものはこういうことなんだ、と充実感に満ちた時間を過ごすことができました。

○個人発表なので学校臨床研究の時よりも課題追究に力が入りました。受講時期が学校臨床研究も含めてもう少し早まればいいと思う。

○良い授業をたくさん見ることで、自分の目指すべき授業像をイメージすることができました。もっと他専攻で話す機会を設けることができたらよかったと思いました。1年間ありがとうございます。

○双方向の交流を行うことによって、釧路校だけでなく他の学生の意見を聞くことができたので、とても参考になった。授業観察の機会を多く設けていただいたので、授業のイメージが前よりも付くようになった。今後も、学び続けていきたいと考えるようになった。ありがとうございました。

○プログラミングについては、学ぶ機会もなくて勉強する場ができてよかったです。現場で勉強したことや知ったことを活用できるようにしていきたいです。

○論文作成のため小学校との連携を支援して頂いたことで、スムーズに授業観察そして研究を進めることができましたので、受講して良かったです。ありがとうございました。

○自分が初めにもっていた課題と最終的な課題は違ったが、授業参観を通して追究したい課題を見いだすことができたので、教職実践研究は課題追究だけではなく、課題を見付ける機会にもなったのでよかったです。

○研究課題と学士論文のテーマが若干異なるため、卒論に対して講義がプラスになる部分は少なかったかなと思います。ですが、教員になる前に現場の先生方と一緒に研修に参加したり、実習後の視点で授業参観ができたりと学びが大変深まりました。一年間ありがとうございました。

○この授業を履修した当初は、学士論文テーマが未定で、純粋に様々な学校現場を見たいという思いだった。そのため、学士論文に直結する研究ができたかと問われると分からない。

との関係を明確にすることができた（質問番号3−①）」「学士論文等作成の
参考となる参観実習とすることができた（質問番号3−③）」では、6割程度
にとどまっている。

## 2　考　　察

### （1）　授業の満足度

　アンケート調査の結果から、教職実践研究を受講した結果、授業の満足度
は96.2%、学修の手応えに関する質問（質問番号2−①から⑤）で肯定的な
回答の平均反応率は87.7%、身に付いたことや今後教師として役立つと思う
ことに関する質問（質問番号3−①から⑨）では85.9%であることから、教
職実践研究の授業に対して、肯定的に捉えている学生が多いと言える。

### （2）　学修の手応え

　学修の手応えに関する質問では、「授業参観や質疑応答を通じて、学校現
場の実践が具体的に分かった（質問番号2−①）」「少人数での協働的な学び
は課題の追究に効果的であった（質問番号2−③）」「課題について文献研究
や成果発表、質疑応答等、多様な探究活動を通して、課題に関する学びが
あった（質問番号2−④）」では、9割以上の学生が肯定的に捉えている。自
由記述では、「良い授業をたくさん見ることで、自分の目指すべき授業像を
イメージすることができました」や「少人数の強みというものはこういうこ
となんだ、と充実感に満ちた時間を過ごすことができました」「個人発表な
ので学校臨床研究の時よりも課題追究に力が入りました」などがあり、少人
数での協働的な学びにより、教育実習や学校臨床研究などの経験や学びを省
察した結果に設定した追究課題について、解決に向けた手応えを感じること
ができていたと考えられる。

　また、「授業参観を通して追究したい課題を見いだすことができたので、

教職実践研究は課題追究だけではなく、課題を見付ける機会にもなったのでよかったです」といった意見のように、実際の学校現場の実践に触れることで、教育実習での省察を踏まえたさらなる課題の設定に手応えを感じた状況もあった。

　一方で、「学士論文の作成に資する知見を得ることができた（質問番号2－②）」では、6割程度しか肯定的に捉える学生がいなかった。自由記述では、「研究課題と学士論文のテーマが若干異なるため、卒論に対して講義がプラスになる部分は少なったかなと思います」「この授業を履修した当初は、学士論文テーマが未定で、純粋に様々な学校現場を見たいという思いだった。そのため、学士論文に直結する研究ができたかと問われると分からない」のように、教職実践研究で設定した追究課題と学士論文のテーマが一致していなかったり、学士論文のテーマが確定していない段階での教職実践研究の受講であったりした状況があったことがわかる。

　シラバスに記載しているとおり、教育実践に関わる学士論文等の作成を受講の条件にしたり、学士論文指導教員との連携を図ったりして、学士論文の作成と関連をもたせた学びになるようにする必要がある。


（3）　身に付いたことや今後教師として役に立つと思うこと

　身に付いたことや今後教師として役立つと思うことに関する質問では、「参観を通じて新たな自分の課題を把握することができた（質問番号3－⑧）」といった課題設定力、「自分の研究テーマに基づき授業観察と分析をすることができた（質問番号3－②）」といった授業分析力、「課題解決のために必要な情報を収集及び整理・分析することができた（質問番号3－⑤）」や「気付きや発見、自分の考えなどをまとめ、表現することができた（質問番号3－⑦）」といった課題解決力の能力の獲得に手応えを感じている学生が9割を超えている。

　また、「他の学生と協働して課題を追究することができた（質問番号3－

⑥）」でも9割を超えるなど高い割合を示している。教職実践研究は、教員一人当たりの担当する学生が7名以下と少人数での実施を基本としている。受講希望者が多い場合には、教職実践研究で想定する自己課題とその追究に向けての研究対象や研究方法を精査し、大人数の受講にならないようにしている。課題解決に向けた追究は個人で行うが、授業視察や研究会の参加は、他の受講生と共に参加して考えを共有できるようにした。また、自由記述では、「双方向の交流を行うことによって、釧路校だけでなく他の学生の意見を聞くことができたので、とても参考になった」という感想があるように、中間発表や最終発表では、他のキャンパスの受講生とも双方向遠隔授業システムを用いた交流することで、他の学生との協働的な学びに手応えを感じたものと考えられる。

（4）　教員志望の高まり

　「この授業を受講して、教員になる意欲が高まりましたか（質問番号5）」では、肯定的に回答した学生の割合は96.2%であった。また、「あなたは教員を志望していますか（質問番号4）」の質問に対して、「教員を志望している」と回答した割合が92.3%であった。自由記述には、「この授業で、実践に触れる機会を多くもつことができ、学士論文のためだけでなく、これから教師になる上での大きな学びになりました」とあるように、教育実習や学校臨床研究の経験や学びを省察し、見いだした課題を実践に触れながら追究することで、教員志望である受講生が、教員として採用される直前に教職に対する意識をより高めることにつながったと考えられる。

## 3 ま と め

　本章においては、教職実践研究実施後の学生アンケート結果を基に、教職実践研究の成果と課題を明らかにした。課題については、第9章で述べた学校臨床研究と同様に全学の学校臨床研究担当者が科目会議で共有し、改善に向けて取り組む必要がある。特に、学士論文との関連については、学士論文を指導する教員と教職実践研究の位置付けや役割を共通理解する必要がある。教職実践研究では、主として学校現場を対象に、実践的な指導法や学校現場の課題を見いだし、様々な手法により、理論的・分析的な省察を深め、実践的な学士論文を仕上げるための準備をするといった授業内容を考えると、学修内容や学修時期を学士論文の指導教員と綿密に打ち合わせる必要がある。

第4部

課題解決プロジェクトの取組に
おける研究的アプローチ

# 第 **16** 章

# 教育実習後学生の学習指導に関する実態と課題意識

## 1 はじめに

　中央教育審議会は、「養成段階は『教員となる際に必要な最低限の基礎的・基盤的な学修』を行う段階である」ことを示した（中教審答申、2015）。その上で、「これらの教員養成上の重要課題に適切に対応し、併せて、各大学の個性や特色を発揮した教員養成を行うためには、養成段階で真に必要な基礎力を明確にした上で、厳格な成績評価はもとより、各大学の学部等において教育課程の科目全体を精選しつつ総合的かつ体系的に教員の養成を図っていくような取組が必要である」（中教審答申、2015）とした。これらは、養成段階で身に付ける基礎力を明確にすることに加え、その育成に向けた総合的、体系的なカリキュラムを組織する必要性を示した。

　北海道教育大学（以下、「本学」と記す）においても、「学校における"新たな学び"に対応するための、アクティブ・ラーニングや ICT 教育等を取り入れた大胆なカリキュラム改革」（第3期中期目標、2016）が重点の一つとして取り上げられた。その具体的な取組の一つとして、平成29（2017）年度より学校臨床研究を新設した。

　学校臨床研究は、教育実習後学生が履修する必修科目である。学習指導に焦点を当て、学生が実習で学んだことを基盤として学習指導力を高めること

をねらいとした。この科目を設けた背景には、教育実習と学校臨床研究を接続することで理論と実践の往還を図り、教員養成カリキュラムの系統性を図るといったねらいがあった。

　本研究においては、教育実習後の学生の学習指導に関する実態と課題意識を明確にすることを目的とした。これによって、「養成段階で真に必要な基礎力」として教育実習後の学生に身に付けてほしい資質・能力、つまり学校臨床研究で育てたい資質・能力を明確にできると考えた。それによって、教育実習と学校臨床研究における接続方法を明確にし、より総合的、体系的なカリキュラムを組織する手がかりを得ることができると考えたためである。

## 2　学生の学習指導における学びや課題意識に関わる先行研究

　三島ら（2009）は、教育実習の経験による学生の意識の変化を検討し、教育実習後に経験を整理、精選する拠り所として理論的な学修を求めるようになるとした。また、松宮（2016）は教育実習後に専門科目に対する不安が高くなることを挙げ、その理由として、教えることを通して教科専門領域に関する知識・認識不足や、教えるための言語スキルの不十分さなどを再認識したことを挙げた。三島ら（2009）、松宮（2016）の研究は、学生が教育実習を経験し、自分の課題を再認識したこと、教育実習を経験したことで、自身の知識・技能の不足を実感し、理論的な学修の必要性を感じるようになったことを指摘した。

　一方、栢野ら（2011）は、北海道教育大学釧路校における学生の学習指導力に関して、1年次は視点をもっていない試行錯誤の段階、2年次は指導技術に目が行き、困り感をもつ段階、3年次実習前は、自分の課題が見えてくる段階と整理した。森ら（2015）も、北海道教育大学釧路校において1年次より実施している教育フィールド研究の教育効果を検討し、1、2年次から学習指導力を育成していたことを指摘した。栢野ら（2011）、森ら（2015）

は、3年次の教育実習前までの段階で釧路校の学生がすでに学習指導に関わる学びをしたことを指摘しており、学生が授業観察の視点や自己課題をもつに至ったことを示した。

　これらのことから、教育実習後には、教育実習の実践を踏まえた具体的な自己課題を学生がもつと考えられた。それゆえ、学生の具体的な課題意識がどこにあるのか明確にしておくことは、教育実習後に接続する授業科目である学校臨床研究の授業計画を構想する上で必要であると考えた。


## 3　研究の方法

　研究の方法は、質問紙調査への回答状況を分析した。対象としたのは、平成28（2016）年度の教育実習後3～4年次学生180名であった。

　質問項目には、下記の3点を入れた。1点目は、教育実習で授業を行った教科と時数であった。学生が教育実習で担当した教科は何か、どの程度の授業時数を実施したのかについて把握することで、学生の学習指導に関する実態を捉えようと考えた。

　2点目は、「ステップアップ・チェックリスト　ハンドブック」（北海道教育大学、2016）（以下、「チェックリスト」と記す）から、「学習指導力」に関わる項目を挙げ、各項目について4件法での回答を求めた。チェックリストとは、本学が教員養成段階で身に付けてほしい力を4つの視点132項目にまとめて学生に示したものであり、答申でいう「養成段階で真に必要な基礎力」を具体化したものと言える。これらの自己評価の結果から、学生の課題を明確にすることができると考えた。

　3点目は、2つの内容に関して自由記述による回答を求めた。1つ目は、学習指導に関わって実習を通して学んだことである。2つ目は、今後の課題である。学びと課題を記述することで、チェックリストへの自己評価による量的評価だけでは捉えられない部分を質的に把握することができる

と考えた。得られた記述はすべてテキストファイルにし、テキストマイニングの手法を用いて分析した。分析に用いたのは、フリーのソフトウェア「KHcoder3」である。本研究では、このソフトウェアで用いることができる手法のうち「階層的クラスター分析」を使用し、Jaccard 距離を用いたward 法にて分析を行った。樋口（2014）によると、「階層的クラスター分析」では、出現パターンの似通った語の組み合わせにはどんなものがあったのかを見ることができる。それゆえ、学生が強く意識した語や語同士のつながりを検討できると考えた。

## 4　結果と考察

### （1）授業実施時数と実施教科

#### 1）授業実施総時数の結果と考察

　学生の教育実習期間における授業実施総時数を整理した（表16-1）。記入漏れの回答は除き、176 名の学生の回答を対象とした。

　まず、最も実施の多い学生は 46 ～ 50 時間であり、最も少ない学生は 10 時間以下であった。平均実施時間は 23.2 時間であり、最も多く含まれたのは 26 ～ 30 時間の間であった。中央値は、21 ～ 25 時間の間であった。これらの結果から、学生による授業実施時数に差があることが示された。また、小学校高学年の 1 週間の授業時数を 28 ～ 29 時間と考えると、教育実習では約 1 週間の授業を実施したと言える。

表 16-1　授業実施時数

| 実施時数 | 人数 |
|---|---|
| 46 ～ 50 | 1 |
| 41 ～ 45 | 3 |
| 36 ～ 40 | 6 |
| 31 ～ 35 | 23 |
| 26 ～ 30 | 46 |
| 21 ～ 25 | 36 |
| 16 ～ 20 | 23 |
| 11 ～ 15 | 31 |
| 10 以下 | 7 |

#### 2）教科・領域の授業実施時数の結果と考察

　次に、実施した教科・領域の内訳とそれらを何時間実施したのかについて整理した（表16-2）。176 名の学生の回答を対象とした。

表16-2 教科・領域の授業実施時数

| 教科 | 平均 | 最大値 | 最小値 |
|---|---|---|---|
| 算数 | 8.32 | 22 | 0 |
| 国語 | 6.32 | 25 | 0 |
| 図工 | 1.71 | 9 | 0 |
| 理科 | 1.40 | 11 | 0 |
| 社会 | 1.36 | 16 | 0 |
| 体育 | 1.32 | 11 | 0 |
| 音楽 | 0.91 | 7 | 0 |
| 生活 | 0.52 | 8 | 0 |
| 道徳 | 0.52 | 3 | 0 |
| 行事 | 0.25 | 12 | 0 |
| 学活 | 0.24 | 5 | 0 |
| 外国語 | 0.22 | 5 | 0 |
| 家庭 | 0.19 | 5 | 0 |
| 総合 | 0.16 | 4 | 0 |

最も多い算数は平均で8.32時間であり、次に多い国語は6.32時間であった。一方、最も少ない総合は0.16時間、次に少ない家庭科は0.19時間となった。最大値と最小値を見ると、最大値（最も多く実施した学生の授業時数）は、国語の25時間であり、次いで算数の22時間であった。一方、総合は最大値で4時間であった。また、最小値はすべての教科・領域で0時間であった。これらから、学生が実施した授業時数について教科による違いが大きいことが示唆された。

また、算数と国語で合計14.64時間となり、教育実習の平均授業実施時数である23.2時間の6割強であった。しかしながら、算数と国語の1単元の授業時数から考えると、多くの学生は単元を通した実践はしておらず、そのため、単元全体を通して児童生徒に身に付けたい目標や単元の指導計画を考える機会は少なかったと考えられる。したがって、杉田（2015）に示したように、学生は単元全体を通した身に付けさせたい力を設定する意識が乏しいと考えられる。

次に、平均が低い教科・領域を検討した。「音楽」「生活」「道徳」「行事」「学活」「外国語」「家庭科」「総合」に関しては、実施時間の平均が1時間を下回っていること、また、最小値が0時間であることから、教育実習を通して未実施の教科・領域のあることが示唆された。配属学年によっては実施できない教科・領域はあるが（例えば、低学年にしかない生活科等）、それを除いても回答を確認すると、配属学年にある教科・領域においても未実施の教科があることが示された。

　それゆえ、学生は実施教科・領域に偏りがあることに加え、未実施の教科・領域があることになる。深見（2013）が示唆したように教育実習の時期や実習校における教育方針等もあり、教育実習の取組だけでは経験する機会がない実施教科・領域がある実態が明らかとなった。また、単元という視点から授業を考えるという経験が不足していることも示された。

## （2）　ステップアップ・チェックリストへの自己評価の結果と考察

　ステップアップ・チェックリストのうち、特に「授業実践」と「授業評価」を中心とした項目について 4 段階で学生に自己評価を求めた（表16-3）。

　最も平均が高かったのは、「1-3-4-3」で 3.39 であった。2 番目に高かったのが、「1-3-3-2」で 3.30、3 番目は「1-3-3-3」で 3.27 となった。逆に最も低かったものは、「1-3-3-7」で 2.65 であった。2 番目は「1-3-3-4」で 2.91、3 番目は「1-3-3-6」で 2.94 であった。

　9 項目のうち 5 項目は 2.90 ～ 3.00 の範囲の中に入っていた。なお、全項目の平均は約 3.04 であり、どの項目も 3 が多かった。2 と 4 のどちらが多いかは、項目によって異なった。3 は 80 ～ 101 の範囲で全体の 5 割前後を占めた。

　4 が多かったのは平均が高かった「1-3-4-3」で 82、次いで「1-3-3-2」と「1-3-3-3」が同数で 68 であった。逆に少なかったのは、「1-3-3-7」で 20 であった。2 が多かったのは、「1-3-3-7」で 77 であった。次いで「1-3-3-5」の 45、同数で 42 の「1-3-3-4」と「1-3-3-8」であった。少なかったのは、「1-3-4-3」で 9、「1-3-3-2」で 12、「1-3-3-3」で 16 であった。また、1 についてはどの項目もそれほど大きく変わらない傾向が確認できたが、「1-3-3-9」のみ 13 と多かった。

　最も自己評価の平均が高かった「1-3-4-3」は、観察した授業や自己の授業実践の省察に関する項目であった。実習記録を提出する必要があることも

### 表16-3 関連するチェックリストの項目と自己評価の結果

| 項　目 | 内　　容 | 自己評価の点数 | | | | |
|---|---|---|---|---|---|---|
| | | 平均 | 4 | 3 | 2 | 1 |
| 1-3-3-2 | 授業やその補助を行う際には、子どもの健康、安全面に配慮する。 | 3.30 | 68 | 99 | 12 | 1 |
| 1-3-3-3 | 明るい表情やゆったりとした口調、よく聞こえる声、落ち着いた態度で授業を進める。 | 3.27 | 68 | 94 | 16 | 2 |
| 1-3-3-4 | 教師の一方的な指導に偏ることなく、教師と子ども及び子ども同士の関係を十分に考慮し、子どもが意欲的に取り組むように進める。 | 2.91 | 33 | 101 | 42 | 4 |
| 1-3-3-5 | 子どもの思考、発見、取り組みや発言等を大切にするなど主体的活動を促す「わかる、楽しい」授業の実践に努める。 | 2.97 | 46 | 86 | 45 | 3 |
| 1-3-3-6 | いろいろな指導技術を適切、効果的に活用する。・板書、ノートの取り方、机間指導、教材・教具や情報機器の活用、課題の提示、指名・指示、発問－応答、「間」の活用など | 2.94 | 38 | 97 | 41 | 4 |
| 1-3-3-7 | 子どもの理解や習熟の程度に十分配慮した「きめ細かな」「わかる」指導に努める。 | 2.65 | 20 | 80 | 77 | 3 |
| 1-3-3-8 | 一斉学習、グループ学習、個別学習など様々な学習形態を効果的に取り入れる。 | 3.00 | 46 | 90 | 42 | 2 |
| 1-3-3-9 | 一人あるいは複数の授業者と協力しての授業（T.T.）や補助を行う。 | 2.97 | 52 | 86 | 28 | 13 |
| 1-3-4-3 | 参観した授業（学習指導案）を分析したり、自己の行った授業実践を振り返って評価し、「実習記録」等に記録し、今後の参観や授業に生かす。 | 3.39 | 82 | 88 | 9 | 1 |

関係していたと考えられるが、学生は観察した授業や実践した授業を振り返り、自分の実践に生かしていたと考えられる。

　次いで高い「1-3-3-2」は子どもの健康、安全面に配慮すること、「1-3-3-3」は表情や話し方、態度など、授業に臨む教師の姿勢や態度に関わる内容であった。これまでに学校現場に入る際に、繰り返し指導された内容であり、意識を高くもっていたと推察された。

　平均が最も低かった「1-3-3-7」は、個に応じた指導に関わる内容であった。自己評価で2を付けた人数も最も多かった。実際に授業を行うことで一人ひとりの理解度、問題を解くためにかかる時間の違いなどにとまどい、学級の児童の個人差に応じた指導の難しさを感じたのではないかと推察された。

　「1-3-3-9」は、複数の教員による授業の実施に関する内容であるが、1の数が多かった。これは、T.T.を行わなかったなど、機会がなかったことも考えられ、学校の状況によって経験する機会がなかった観点の一つと言える。

　他の項目については、似た傾向が見られるものの、それぞれ自己評価で2を選択した学生がいた。「子どもが意欲的に取り組む」「わかる、楽しい」「いろいろな指導技術」「様々な学習形態」等の授業の内容に関わる部分についても個別に様々な課題をもっていたと考えらえる。


（3）　自由記述の結果と考察
　1）　学習指導に関わる学び
　学生が学習指導に関わる学びを自由記述したデータに、「KHcoder3」を用いて階層的クラスター分析を行った（図16-1）。

　まず、「子ども」「生徒」等は「児童」、「先生」は「教師」等、似た意味の語について揃える作業を行った。その後、前処理を実行し、文章の単純集計を行った結果、181の段落、350の文が確認された。また、総抽出語（分

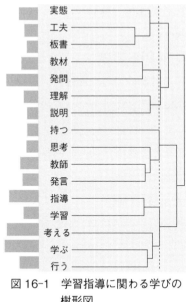

図 16-1 学習指導に関わる学びの
樹形図

析対象ファイルに含まれているすべての語の延べ数）は 6,758、異なり語数（何種類の語が含まれていたか示す数）は 942 であった。これに、抽出する際、学びの内容に関わる語が抽出されるように抽出する品詞を名詞と動詞に指定した。また、抽出された語のうち、「気」や「対」等、断片的で意味をなさない語を抽出しない語に指定した。それによって、分析に使用される語として 6,579 語（異なり語数 937）が抽出された。

クラスター分析を行う際は、出現回数の制御を行い、最大で 100 回、最小で 15 回と設定した。最小を設定したのは、わずかしか出現していない語は、共通性が低いと考えて省いた。逆に、出現回数があまりにも多かった「児童」と「授業」については、多くの語に関わるため省いた。上記の条件によって、16 語、6 クラスターに整理された。この中で、出現回数が多かった語は、多かった順に「学ぶ」「考える」「発問」「指導」であった。同じクラスターに分けられたのは、①「実態」と「工夫」「板書」、②「教材」と「発問」、③「理解」と「説明」、④「持つ」と「思考」「教師」「発言」、⑤「指導」と「学習」、⑥「考える」と「学ぶ」「行う」であった。

次に各クラスターの語同士の関係から学びを考察した。考察に当たっては、「KHcoder3」の KWIC コンコーダンスのコマンドも参考にした。

① 児童の実態に応じた板書の工夫

板書の工夫が学んだことの一つとなっていた。児童の実態に応じた板書を工夫する必要性を感じたと捉えられる。指導方法の適切、効果的な活

用という部分で、チェックリストの「1-3-3-6」に関わる学びが見られた。

② 教材研究と発問の大切さ

「教材」は、「教材研究」という形で多く用いられており、教材研究の大切さを感じた学生が多くいたことを表していた。また、「発問」は、出現回数が多く、より多くの学生が意識した視点の一つであった。授業実施前の教材研究や、児童の反応を想定した発問の大切さを実感したと考えられる。このクラスターも、指導方法の適切、効果的な活用という点からチェックリストの「1-3-3-6」に関わる学びを示していた。

③ 児童が理解できる指導の難しさ

「理解」は、児童が理解できる指導や理解度に差があることへの対応の難しさなどとして使われており、指導内容を児童に理解させる難しさに気付いたと考えられる。「わかる」指導という点でチェックリストの「1-3-3-7」との関連が見られた。

④ 発言を生かし、思考を促す教師の指導

児童が課題についての考えをもつために、教師が児童の発言を生かす方法について学んだことを示していた。児童の発言等に関わることから、チェックリスト「1-3-3-5」との関連が見られた。

⑤ 授業の省察方法

「学習指導に関わって〜」という形で用いられていた。観察や実践した経験を基に学生が学習指導を省察する際に用いられており、授業の分析・評価という点で、チェックリストの「1-3-4-3」に関する内容であった。

⑥ 授業改善への意識

出現回数が多かった語のうち、「学ぶ」と「考える」については、同じクラスターに分類された。使われ方としては、「〜から学んだ」「〜と考えた」などの使われ方が多かった。同じクラスターに分類されている「行う」とつながり、学んだことや考えたことを実施したいという意識の表れと捉えられた。振り返りを授業に生かそうする意識から、チェックリスト

の「1-3-4-3」との関連が見られた。

　①〜④のクラスターは学習指導に関わって、特に学びのあった具体的な視点を示した。それらの学んだ視点を基に、⑤、⑥の視点のように、観察・実践した授業を省察し、今後の実践に生かしていこうとする意識につながったと考えられる。

　どのクラスターもチェックリストとの関連が見られたが、特にチェックリストの「1-3-3-5（発言の活用）」「1-3-3-6（指導技術）」「1-3-3-7（個に応じた指導）」「1-3-4-3（省察）」に関わる学びが確認できた。

　2）　学習指導に関わる課題

　今後の課題に関して検討するため、得られた自由記述に「KHcoder3」を用いて階層的クラスター分析を行った（図16-2）。

　分析は、「学習指導に関わる学び」と同様の手順で行った。まず、似た意味の語について揃える作業を行った後、前処理を実行し、文章の単純集計を行った結果、181の段落、296の文が確認された。また、総抽出語は4,826、異なり語数は840であった。その際、課題に関わる語が抽出されるように抽出する品詞を名詞と動詞に指定した。また、抽出語に含まれた「気」「身」「対」の3語は断片的で意味をなさないため、抽出しない語に指定した。それによって、分析に使用される語として4,820語（異なり語数837）が抽出された。

　クラスター分析を行う際は、出現回数の制御を行い、最大で100回、最小で12回と設定した。最小を12回に設定したのは、わずかにしか出現していない語は、共通性が低いと考えて省くためであった。一方、出現回数があま

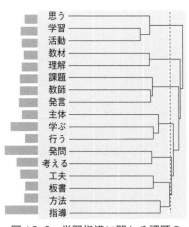

図16-2　学習指導に関わる課題の
　　　　樹形図

りにも多かった「児童」と「授業」については、多くの語に関わるので省いた。上記の条件によって、17 語、6 クラスターに整理された。

　出現回数が多かった語は、多かった順に「指導」「発問」「学ぶ」「考える」であった。同じクラスターに分けられたのは、①「思う」と「学習」「活動」、②「教材」と「理解」、③「課題」と「教師」「発言」、④「主体」と「学ぶ」「行う」、⑤「発問」と「考える」、⑥「工夫」「板書」と「方法」「指導」であった。これらのクラスターに含まれた語を手がかりに、学生の学習指導に関する課題を検討した。

①　学習活動に関する振り返り

　「思う」は、「〜と思った」と一般的な使われ方が多かった。「学習」と「活動」は「学習活動」としてつなげて用いられており、学習活動について「〜と思った」という振り返りに用いられたといえる。分析や振り返りという点で「1-3-4-3」との関連が見られた。

②　教材に関する理解

　教材は、「教材研究」という形で多く用いられた。児童に学習内容を理解させる上で、教材研究の大切さを実感した内容と考えられる。松宮（2016）が示したように、教えることを通して、教材研究の不足、教科専門領域に関する知識・認識不足を再認識したと考察できる。教材・教具の活用に課題があると認識した点からチェックリスト「1-3-3-6」との関連が見られた。

③　目標と整合性のある課題設定と児童の発言の活用

　「課題」については、課題からまとめまでの一貫性について触れた記述が多くあった。また、「発言」は、「教師」が児童の発言を生かすという記述が見られた。目標と整合性のある課題設定と児童の発言の活用に関する課題意識が見られた。教師の一方的な指導に偏らないという点からチェックリスト「1-3-3-4」との関連が見られた。

④ 児童が主体的な授業

「主体」は「児童主体」という用いられ方が多く見られた。児童が主体となって活動する授業への課題意識が示された。児童の主体的活動を促すという点から、チェックリストの「1-3-3-5」との関連が示された。

⑤ 深い思考を促す発問

「発問」「考える」は、出現回数が多かった語であった。「発問」は、より深い思考を促す発問、「考える」は「〜を考える」という使われ方が見られた。より深い思考を促す発問に関する学生の課題意識が表れていた。チェックリストの「1-3-3-6」に示された指導技術を適切、効果的に活用する部分との関連が見られた。

⑥ 板書の工夫と指導方法

「指導」は、出現回数が多かった語であった。児童への指導という使われ方のほか、指導案、指導書などとも接続していた。「方法」ともつながり、指導方法に関する課題意識が示されていた。「板書」と「工夫」が接続して「板書の工夫」として使われており、効果的な板書の工夫への課題意識が示された。指導方法という点から、チェックリストの「1-3-3-6」との関わりが見られた。

学習指導に関する課題としてクラスターに整理された内容は、チェックリストの「1-3-3-4」「1-3-3-5」「1-3-3-6」との関連が確認できた。「1-3-3-4（主体的学習）」に関わるのは③のクラスター、「1-3-3-5（発言の活用）」に関わるのは④のクラスター、「1-3-3-6（指導技術）」に関わるのは②、⑤、⑥の3つのクラスターであった。また、①のクラスターは「1-3-4-3（省察）」と関わりが見られた。したがって、学生は、子どもが主体的な授業を実施できるようになるための指導技術を課題としていたと言える。

## 5　総合考察

### （1）　学習指導に関する学生の実態

学習指導に関する教育実習後の学生の実態について下記の3点に整理した。

#### ①　学習指導に関する経験の差

授業実施時数に関しては、平均で23.2時間程度の授業経験を積んでいることが示されたが、学生による差が見られた。また、実施した教科・領域は国語と算数が多く、他の教科・領域については、平均で2時間未満の実施状況という結果になった。また、最大値と最小値の差が見られた。そのため、学生によって学習指導に関する経験に差があることを確認できた。

#### ②　未実施の教科・領域

授業実施時数に関する回答より、教育実習期間だけでは経験することができずに終わる教科・領域があること、単元を通して授業する経験が少ないことが示された。また、チェックリストへの回答より、複数の教員で協力して授業を行う経験が少ないということも示されていた。教育実習後には、これらの不足している経験を補完する学修を行う必要がある。

#### ③　省察内容の活用への意欲

チェックリストへの回答では、自己や他者の実践を省察する経験に関する項目のポイントが高かった。学習指導に関する学びに関しても、「⑤授業の省察方法」や「⑥授業改善への意識」に関する記述が見られた。実践を省察し、自己の実践に生かしていこうとする意識の高さが示された。

### （2）　学習指導に関する課題意識

学習指導に関する課題意識について、下記の3点に整理した。

#### ①　子どもの実態を踏まえた指導

チェックリストへの回答では、子どもの実態に応じた指導に関する課

題意識が確認できた。また、学習指導に関する課題への自由記述でも、「⑥板書の工夫と指導方法」が挙げられていた。

② 児童が意欲的・主体的に学ぶ授業づくり

自由記述では、「③目標と整合性のある課題設定と児童の発言の活用」「④児童が主体的な授業」が学習指導に関する課題とされた。児童が意欲的・主体的に学ぶ授業づくりに、課題意識があると推測できる。

③ 指導技術の適切、効果的な活用

自由記述では、「②教材に関する理解」「⑤深い思考を促す発問」「⑥板書の工夫と指導方法」が学習指導に関する課題とされた。様々な指導技術を知ることと、それを適切に用いることに課題意識があると捉えられる。

## 6 ま と め

本研究においては、教育実習後の学生の学習指導に関する実態と課題意識を明確にすることを目的とした。学校臨床研究を実施するにあたり、これらの実態と課題意識を踏まえた授業計画を構想することで、学生の学びの充実につなげることが期待できる。

まず、学生の実態として、学生の学びや経験、課題意識には大きな個人差があり、課題意識は異なることを踏まえる必要がある。一方で、これは多様な課題意識や考えを生むことにもつながり、学生同士で議論をする際に多面的・多角的に物事を捉え、考えを深めることになる可能性がある。

次に、教育実習を経験したことにより、各自が課題をもった状況にあることである。学生によってもつ課題意識は異なるものの、全員が各自の課題を示していた。さらに、学びを今後に生かそうする意欲も見て取ることができ、課題が明確で、そのことについて学ぶ意欲がある状況であることが示された。

釧路校では、3年次に行う主として取得する免許状に関する教育実習1

と、４年次に行うそれ以外に取得しようとする免許状に関する教育実習２があり、多くの学生は４年次に教育実習２に行く。教育実習１で見いだした課題を学校臨床研究で考え、教育実習２で取り組むというカリキュラムの有機的な接続を図り、理論と実践の往還を促していきたい。最終的には採用後の教員生活の中でも、学生が理論と実践の往還を持続的に図る可能性を高めていきたい。

## 引用文献

中央教育審議会（2015）これからの学校教育を担う教員の資質能力の向上について～学び合い、高め合う教員養成コミュニティの構築に向けて～（答申）。

深見俊崇（2013）４年間の教育実習プログラムを通しての教員志望学生の資質能力の変化 ― 島根大学教育学部の事例 ―、島根大学教育学部紀要（教育科学）、47、pp.1-6。

樋口耕一（2014）社会調査のための計量テキスト分析 ― 内容分析の継承と発展を目指して ―、ナカニシヤ出版。

北海道教育大学（2016）国立大学法人北海道教育大学第３期中期目標。

北海道教育大学教職実践演習全学運営委員会（2016）学び続ける教師を目指して ― ステップアップ・チェックリスト　ハンドブック ―。

栢野彰秀・玉井康之・赤田裕喜彦・西出勉・近江道郎・倉賀野志郎・山瀬一史・村上知子・小林宏明（2011）釧路校学部学生から見た「教職チェックリスト」の特徴 ― クラスター分析による「学習指導力」の学年別認識 ―、北海道教育大学紀要（教育科学編）、61（2）、pp.23-31。

教育職員養成審議会（1997）新たな時代に向けた教員養成の改善方策について（第１次答申）。

松宮新吾（2016）教職課程認定大学における教育実習の実施効果の検証に関する研究 ― 関西外国語大学の事例を中心として、関西外国語大学研究論集、103、pp.119-135。

三島知剛・安立大輔・森敏昭（2009）教育実習生の実習前後における学習の継続意志の検討、日本教育工学会論文誌、33（Suppl.）、pp.69-72。

森健一郎・八木修一・津田順二・安川禎亮・西村聡（2015）釧路キャンパス「教育フィールド研究」による教育効果の検討 ― テキストマイニングの手法を用いた振り返り活動の分析 ―、北海道教育大学紀要（教育科学編）、66（1）、pp.311-322。

杉田泰一（2016）教育実習生の単元を構成する意識 ― 中学校理科における地震の学習を例に ―、広島大学附属中・高等学校中等教育研究紀要、62、pp.37-42。

# 第 17 章

## 必修科目「学校臨床研究」の効果
— ALACT モデルに基づいた授業計画の開発と実践 —

## 1　問題の所在と目的

　近年、グローバル化や情報化などにより急激に社会が変化する中、子ども
たち一人ひとりの可能性を引き出し、豊かな人生を実現させていくため、そ
の直接の担い手である教員の資質能力を向上させることが重要な課題とされ
た（中央教育審議会、2015）。教員の資質能力に関する議論は従来から行わ
れており、その一つに中央教育審議会（2006）による教員に求められる資質
能力の提示があった。そこでは、教員に求められる資質能力が「いつの時代
にも求められる資質能力」と「今後特に求められる資質能力」に整理され、
不断に最新の専門的知識や指導技術等を身に付けていく教員自身の「学びの
精神」がこれまで以上に強く求められた。特に、教師自身が学び続ける必要
性を強く求めたという点において教師教育への影響は大きなものであった。
また、中央教育審議会（2012）は、これからの教員に求められる資質能力
を「教職に対する責任感、探究力、教職生活全体を通じて自主的に学び続け
る力」「専門職としての高度な知識・技能」「総合的な人間力」の3つに整理
し、それらの資質能力を有する教員を養成するとともに、「学び続ける教員
像」の確立の必要性を示した。
　これらの流れを受け、中央教育審議会（2015）は、これからの時代の教

員に求められる資質能力をより具体的に示し、教員が自律的に学ぶ姿勢をもち、時代の変化や自らのキャリアステージに応じて求められる資質能力を生涯にわたって高めていく必要性を示唆した。その上で、教員養成課程における課題として、実践的指導力の基礎の育成、学校現場や教職を体験させる機会の充実、教職課程の科目全体を精選しつつ総合的かつ体系的に教員の養成を図っていく取組の必要性を指摘した（中央教育審議会、2015）。これらの議論からは、学生が学校現場を体験する機会の充実を図り、現時点で教員として求められる資質能力と求められる資質能力を生涯にわたって高めていくことのできる力の2つの視点から学生を育成していくことが教員養成課程に求められたと言える。

　一方、学校現場を体験する機会の充実に関して、これまでにいくつかの指摘がされてきた。姫野・渡部（2006）、姫野（2010）は、教育実習の位置付けの変化に着目し、教員養成課程4年間の中で理論と実践に触れる機会を並行して提供することで、教師としての資質能力を高める必要性を指摘した。さらに、玉井・倉賀野（2010）も、教職実践演習について4年次で集大成として行うよりも、4年次までに行うことで、理論と実践の往還を図ることができると指摘した。これらの指摘は、学校現場での体験が卒業前に集中的に取り入れられるのではなく、理論的な学びと学校現場での体験を4年間の中で交互に実施することが、実践的指導力の向上、課題意識による学びに向かう姿勢の育成につながることを示唆したと言える。

　また、国立教育政策研究所（2015）は、教員養成課程において実践での学修を重視すると同時に、「省察」を核とした理論に関する学びの質的充実の必要性を指摘した。実践による直接体験により学修の意欲が高まる効果が期待できるとしつつも、一方で、学校現場の複雑なリアリティの中で、何を学ぶのかが見えない、何が学ばれたのかがわからないという視点から現場学修の限界を指摘した。こうした指摘から、学校現場での体験をより効果的なものとするために、理論と実践が交互に行われていく重要性に加え、学校現場

での体験の省察や他者との交流を含めた大学での学修の充実が求められた。

　ところで、学校現場での体験と大学での学修の接続を重視した理論として、コルトハーヘンによるリアリスティック・アプローチがある。このアプローチは、授業の基礎的な技術能力である「始めるための力」と省察を通して自分たちの経験から学ぶスキルである「成長し続ける力」を育成することを目的とし、実際的な問題や関心を基盤として理論的な考察を深めていくことによって、学校現場での体験を大学で学ぶ理論とつなぐアプローチである（コルトハーヘン、2010）。

　このアプローチで目的とする「始めるための力」とは、学校現場での体験に基づく実際的な問題や関心と関わる授業の基礎的技術である。授業の基礎的技術に関わって、中央教育審議会（2006）は、教職生活を円滑にスタートするために教職実践演習の実施に関わって教員として最小限必要な資質能力として4つの事項を示した。なかでも学習指導と特に関係がある「教科・保育内容等の指導力に関する事項」には、「教科書の内容を理解しているなど、学習指導の基本的事項（教科等の知識や技能など）を身に付けている」「板書、話し方、表情など授業を行う上での基本的な表現力を身に付けている」「子どもの反応や学習の定着状況に応じて、授業計画や学習形態等を工夫することができる」ことが到達目標として例示された（中央教育審議会、2006）。つまり、これらが学生に教職に就く前に求められた基礎的な資質能力であり、「始めるための力」として学生に求める資質能力と考えることができる。

　また、もう1つの目的である「成長し続ける力」は、教員養成プログラムが終わった後も成長し続けるための能力であり、省察を通して自分たちの経験から学ぶスキル（コルトハーヘン、2010）と示された。中央教育審議会（2012）は、学び続ける教員像の確立に関わって省察する中で相互に関連し合いながら教員に求められる資質能力は形成されるとしており、「学び続ける教員」となる上で「成長し続ける力」が重要と言える。それゆえ、このア

プローチを授業計画開発の手掛かりとすることは学生に育てたい資質能力の育成という点から有効と考えられた。

　コルトハーヘン（2010）は、リアリスティック・アプローチを通した経験による学びの理想的なプロセスは行為と省察が代わる代わる行われるものであると考え、このプロセスを5つの局面に分けた ALACT モデルを提案した（図17-1）。5つの局面は、「行為（Action）」「行為の振り返り（Looking back on the action）」「本質的な諸相への気付き（Awareness of essential aspects）」「行為の選択肢の拡大（Creating alternative methods of action）」「試み（Trial）」から成り立っており、コルトハーヘンは、5つ目の局面である「試み（Trial）」が新しい循環の第1局面となり、このモデルを通して学生は螺旋形に専門性を発達させることができるとした。また、このリアリスティック・アプローチによる ALACT モデルを取り入れた効果として、理論と実践の乖離を解消することや学生が積極的に教職に就く前の養成課程に

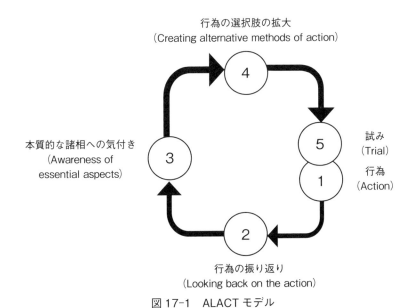

**図17-1　ALACT モデル**
（コルトハーヘン、2010）

取り組むこと（コルトハーヘン、2010）、授業力の向上が見られたこと（志村・石上、2017）がこれまでに報告された。したがって、ALACTモデルに基づいた授業を行うことで、学校現場での体験と大学での学びをつなぎ、学生に教師として求められる資質能力を育成することが期待できる。

　一方で、坂田・村井（2014）が指摘するように、1年次から教育実習にいくオランダなどと比べて、日本では教育実習での実践経験を活用してのリアリスティック・アプローチとなると教職課程の大半の期間では活用できる経験がない、もしくは非常に限られているといった課題がある。さらに、行為の振り返りを通して自己の課題について省察を深めることに関する報告は見られたものの（村井、2015；伊藤ら、2016）、教育実習を終えて学校現場から離れた学生がどのように「行為の選択肢の拡大」を図っていくかという点には検討の余地がある。「行為の選択肢の拡大」は、学生の「始めるための力」と「成長し続ける力」を育成する上で、行為の選択肢を増やし、追究の方法を身に付ける重要な場面である。

　そこで、本研究ではコルトハーヘン（2010）が示したALACTモデルに基づいた授業計画、特に「行為の選択肢の拡大」の手立てを明確に位置付けた授業計画をデザインした。さらに、その実践を通して「始めるための力」と「成長し続ける力」の育成に向けた効果が見られたか検討した。

## 2　方　　法

### （1）　対象学生・科目・時期

　対象学生は、北海道教育大学釧路校3年次の男子96名・女子87名の計183名であった。対象科目の学校臨床研究は必修科目となっており、3年次の後期（10〜2月）に開講した。釧路校では、1、2年次で「教育フィールド研究1〜2」を通して、全員が学校でのインターンシップを経験していた。その後、2年次の夏季休業中に授業観察に焦点化した「基礎実習」、3年

次の夏季休業期間中に授業実践も含む5週間の「教育実習1」を経験し、4年次で2週間の「教育実習2」を経験する。本研究の実施時期は、平成29（2017）年後期（10月～2月）に1～15週であり、「教育実習1」と「教育実習2」の間に位置していた。なお、授業の実施に当たっては、月曜日にA、Bの2グループ、木曜日にC、Dの2グループずつに分け、Aグループ39人、Bグループ44人、Cグループ50人、Dグループ50人での実施とした。

### （2）　授業計画

　学校臨床研究では学習指導に関する内容を取り扱った。平成29年の学習指導要領の改訂では、主体的・対話的で深い学びの実現という視点に立った授業改善を重ねていくことが教師に求められた（文部科学省、2018）。このことは、知識を伝達することのみにとどまる授業からの脱却を明確にし、授業の在り方そのものの転換・改善を求めたと言える。これによって、学校教育における質の高い学びを実現し、子どもたちが学習内容を深く理解し、資質能力を身に付け、生涯にわたって主体的に学び続けることができるようになることを意図した。それだけに、学生にとって学習指導に関する資質能力の向上は欠かすことのできない課題と言える。また、3年次の「教育実習1」では授業の実施を全員が経験したことから、学習指導が共通のテーマになり得ること、また、「教育実習1」後の学生が学習指導に関して課題意識を抱えていたことにより（星ら、2017）、学生にとってこの時期に学習指導に焦点化した授業を行う必要性は高いと考えた。

　授業の到達目標を設定するに当たっては、北海道教育大学で作成した「ステップアップ・チェックリスト」を参考に作成した（北海道教育大学、2016）。「ステップアップ・チェックリスト」は、教員を目指す学生が備えるべき資質能力を「学習指導」「児童・生徒の理解」「社会性・対人関係」「教育的愛情・使命感・責任感」の4つの観点132項目に整理したものであっ

た。そのうち、「始めるための力」として「学習指導」のうち「授業参観」
に関連する3項目を参考に学生に育てたい力とした。また、「成長し続ける
力」として「教育的愛情・使命感・責任感」のうち「自らの課題の自覚と、
解決に向けた努力」に関連する3項目を参考に学生に育てたい力とした。

　参照したチェックリストの項目に関する記述は、表17-1のとおりであっ
た。星ら（2017）は、教育実習後の学生が抱える学習指導に関する課題意識
として、「①子どもの実態を踏まえた指導」「②子どもが意欲的・主体的に学
ぶ授業づくり」「③指導技術の適切、効果的な活用」の3つを指摘した。こ
の3つの課題意識とチェックリストの「1-2-2」に示された視点は合致した
部分が多く、教育実習後の学生にとって学ぶ意欲、必要性とも高い内容と考
えられる。

表17-1　関連するチェックリストの項目

| | 1　学習指導　（2）授業参観 |
|---|---|
| 1-2-1 | 明確な目的意識をもつとともに、専門分野等で理解・習得した基礎的知識や基本的視点などを生かしながら保育・授業を参観する。 |
| 1-2-2 | 参観にあたっては、具体的に次の視点をもって参加する。<br>・授業の構成要素（学習目標、子ども、教師、教材）や授業全体の流れ<br>・教師や子どもの動き、指導形態、指導技術の工夫、評価の方法など<br>・小規模校における、へき地・複式教育の様子、特質や実態を生かした指導の形態<br>・特に配慮や支援等を要する子どもへの対応や指導の在り方 |
| 1-2-3 | 参観後に、気付いたことや感想、意見などを簡単に整理し、「チェックリスト表」等に記録するなどして事後に生かす。 |
| | 4　教育的愛情・使命感・責任感　（1）自らの課題の自覚と、解決に向けた努力 |
| 4-1-2 | 自分の課題を明確にして、教師として必要な力量を高める。 |
| 4-1-3 | これまでのさまざまな教育理論や教育実践から学び、自分の実践に生かしていく。 |
| 4-1-4 | 教育実践から学んだ事や課題解決の方策などを学生同士で話し合い、自分たちなりに考えを深める。 |

（北海道教育大学、2016）

これらの目標を踏まえて本研究では、コルトハーヘン（2010）が示した ALACT モデルに基づいた授業計画をデザインした（表17-2）。授業計画は、コースの最初にガイダンス、最後にまとめを位置付け、残りの13回を4ユニットに分けた。1〜3ユニットは、授業の観察を中心にその前後に指導案の事前検討と事後交流を位置付けた。なお、授業の観察では、双方向遠隔授業システムを用いた授業観察とビデオでの観察を実施し、事後交流では、学生同士の交流のほか、双方向遠隔授業システムを用いて授業者と学生が直接双方向の交流を行った。また、1〜3ユニットでは、ユニットごとに自己課題に関わる文献調査を並行して行

表 17-2　授業計画

| 週 | Unit | 内　　容 |
|---|---|---|
| 1 | | ガイダンス |
| 2 | | 事前検討 |
| 3 | 1 | 授業観察 |
| 4 | | 双方向交流等 |
| 5 | | 事前検討 |
| 6 | 2 | 授業観察 |
| 7 | | 双方向交流 |
| 8 | | グループ・全体交流 |
| 9 | | 事前検討 |
| 10 | 3 | 授業観察 |
| 11 | | 双方向交流等 |
| 12 | | プレゼン準備 |
| 13 | 4 | 発表① |
| 14 | | 発表② |
| 15 | | まとめ |

い、授業観察からの学びと合わせて文献からの学びをレポートにまとめる活動を同時に行った。その上で、4ユニットでは学生が追究したことを各自でまとめ、その成果をプレゼンテーションした。

　ALACT モデルの第1局面「行為」の場面として「教育実習1」を位置付け、8月後半から9月後半までの5週間の「教育実習1」での実践を10月第1週目のガイダンスと接続した。姫野（2003）は、授業と教育実習を切り離すのではなく、カリキュラム全体の中で教育実習の位置付けを明確にする必要性を示した。この点も踏まえ、本研究では、「教育実習1」との関連を図ることで理論と実践の往還を促すことを意図した。

　また、第2局面「行為の振り返り」と第3局面「本質的な諸相への気付き」の場面として1週目のガイダンスを設定した。コルトハーヘン（2010）によると行為の振り返りを通して、学生は、自身の行動の仕方や考え方、欲

求、感情についての省察を行い、ゆっくりと本質的な諸相への気付きに発展していくという。したがって、振り返りを通して、自身の実践の問題点や今後の学びのニーズが具体的になっていくと考えられる。その際、学生が自身の問題を具体化するためには、何に課題があるのか視点や方向性を明確にする必要性がある。そこでガイダンスでは、「教育実習1」の個人による振り返りと学生同士の交流を通して、学生自身の実践のどの部分に課題があったのか視点を明確にした。それによって、学生は自分に必要とされる能力を理解し、努力する方向を明確にすることができ、第4局面の「行為の選択肢の拡大」へと進んでいくであろうと考えた。

　第4局面「行為の選択肢の拡大」への手立てとして、大きく3点を考えた。

　1点目は、1～3ユニットで双方向遠隔授業システムを活用したライブでの授業観察と、事前にビデオに録画した授業観察を実施した。双方向遠隔授業システムを用いて授業を観察することは、受講学生の人数が多い状況にも対応できるという利点に加え、坂東ら（2013）が示したように教室前方からの視点で教室全体を観察できるため子どもや生徒の表情が観察しやすい、メモや記録を取りやすい、より自然な雰囲気で授業を観察できる、などの利点もある。また、観察した授業を録画しておくことで、必要に応じて繰り返して見たり、止めて行為の意図等について考えたりすることができる。これらの授業観察を通して、授業場面での教師の行為とその理由について検討することで、学生が自分の行為の選択肢を増やすことができると考えた。加えて、星ら（2018）は、「教育実習1」で学生が課題を追究する上で、双方向遠隔授業システムを活用して授業観察や授業者との交流、学生同士の交流を行うことに一定の効果があったことを報告していた。それゆえ、これらの手立てにより、学生の「行為の選択肢の拡大」を期待できる。

　2点目は、指導案の事前検討や授業後の交流、レポートの相互読みやプレゼンテーションでの交流等、学生同士で交流する機会を多く設定した。コル

トハーヘン（2010）は、協働的省察、学生同士で省察的な相互作用をもつことによって、意図された学びのプロセスを一層豊かにできると示した。また、釜田ら（2014）も、協働的省察行為は、「仲間と共に意見や気付きの相互交流を行い仲間同士が活動を具体的な教科指導や学級経営、子ども理解・生徒指導、教職全般の視点から学び合い、その成果を自らの教育実践の改善に役立たせようとすることができる」とした。こうした点から、学生同士での省察の場面を設定することは、「行為の選択肢の拡大」を図る上で効果的であると考えた。さらに、授業の観察後には、双方向遠隔授業システムを活用し、授業者と学生が双方向の交流を行うことで、行為の選択肢を拡大することにつなげるこができると考えた。

　3点目は、文献等による調査と学びの整理、発表を位置付けた。ショーン（2007）の「省察的研究」の4つの方法の1つとして「レパートリー構築の研究」を示した。その中で、「レパートリー構築の研究は、『行為の中の省察』に役立つ方法で事例を蓄積し、記述するという機能を提供する研究」とされており、蓄積した事例を整理し、記述する必要性が示された。そこで、1〜3ユニットでは、授業の観察を行う他に、自己課題に関わる文献調査を学生が実施し、ユニットごとに授業観察等の成果と共にレポートにまとめ、4ユニットでは、最終的に追究したことを整理し、プレゼンテーションする機会を設定した。これらの学修活動により、学生が授業観察・文献調査を通して追究したことを自身の選択肢としてより確かなものにできると考えた。

　第5局面「試み」の場として、「教育実習2」を想定した。「教育実習1」の振り返りをきっかけとした追究内容を「教育実習2」に生かすことで、理論と実践の往還を意識した授業計画にできると考えた。さらに、「教育実習2」を次の第1局面「行為」とすることで、学生がALACTモデルのサイクルをスパイラルに積み重ねていくことを意図した。

（3）記録・分析の方法

　記録の方法は、2つの方法を実施した。まず、授業の目標について毎時間、学生が自己評価を記入したワークシートを分析した。自己評価の項目は、到達目標を基に作成した。なお、回答の仕方は、「あてはまる」「ややあてはある」「あまりあてはまらない」「あてはまらない」による4件法とし、学生がその時間の達成状況をどのように自己評価したのかを分析した。

　分析には、1週から15週までの自己評価の項目に関する回答の結果に4～1点を割り振り、「4　あてはまる」「3　ややあてはまる」の回答を肯定的評価、「2　あまりあてはまらない」「1　あてはまらない」の回答を否定的評価として分類し、1×2の両側直接確率計算を行った。

　次に、学生が追究した内容を自由記述したものを対象とした。分析には、フリーのソフトウェア「KHcoder3」を用い、本研究では、このソフトウェアで用いることができる階層的クラスター分析を使用した。樋口（2014）は、階層的クラスター分析について、出現パターンの似通った語の組み合わせにはどのようなものがあったのかについてデンドログラムを作成できるとした。そこで、今回はALACTモデルに基づいた授業計画を通して学生が追究した内容を階層的クラスター分析により定量的に捉えることとした。また、量的分析のみでは見取れない内容を補うため自由記述の質的分析を行った。

## 3　結果と考察

（1）学修目標に関する学生の自己評価

　学生の学修目標の達成状況に関する自己評価の結果は表17-3のとおりであった。直接確率計算の結果、いずれの項目も偏りは有意であり（p＜.001）、学生は学修目標の達成状況を肯定的に捉えていたことが示された。

## 表17-3　自己評価の項目と回答の度数と直接確率計算結果

| 週 | 質問項目 | 肯定 | 否定 | p 値 |
|---|---|---|---|---|
| 1 | 講義の概要を理解し、見通しをもつことができる。 | 145 | 5 | p＜0.01*** |
| | 受講に向けて、自分の課題を明確にすることができる。 | 149 | 1 | p＜0.01*** |
| 2 | 授業を観察する視点を決定することができる。 | 163 | 0 | p＜0.01*** |
| 3 | 具体的な視点を中心に授業を観察することができる。 | 151 | 9 | p＜0.01*** |
| 4 | 観察した授業について視点を中心に分析・交流し、今後の観察や授業実践に生かす学びや課題を得ることができる。 | 156 | 5 | p＜0.01*** |
| 5 | 授業を観察する視点を決定することができる。 | 158 | 5 | p＜0.01*** |
| 6 | 具体的な視点を中心に授業を観察することができる。 | 121 | 34 | p＜0.01*** |
| 7 | 観察した授業について授業者への質問を通して、今後の観察や授業実践に生かす学びや課題を得ることができる。 | 141 | 2 | p＜0.01*** |
| 8 | 観察した授業について授業者からの回答を踏まえ、視点を中心にグループ等で協議し、今後の観察や授業実践に生かす学びや課題を得ることができる。 | 152 | 2 | p＜0.01*** |
| 9 | 授業を観察する視点を決定することができる。 | 155 | 4 | p＜0.01*** |
| 10 | 具体的な視点を中心に授業を観察することができる。 | 147 | 17 | p＜0.01*** |
| 11 | 観察した授業について視点を中心に分析・交流し、今後の観察や授業実践に生かす学びや課題を得ることができる。 | 162 | 2 | p＜0.01*** |
| 12 | 探究してきた自己課題についての学びを発表に向けてまとめる見通しをもつことができる。 | 150 | 13 | p＜0.01*** |
| 13 | 探究してきた自己課題についての学びを発表することができる。（含む 14 週） | 171 | 2 | p＜0.01*** |
| | 発表を聞き、相互評価表をもとに、プレゼンについて発表者にフィードバックすることができる。 | 172 | 2 | |
| 14 | 発表を聞き、相互評価表をもとに、プレゼンについて発表者にフィードバックすることができる。 | 171 | 1 | p＜0.01*** |
| 15 | 講義全体を振り返り、「学び」や「課題」をまとめることができる。 | 140 | 2 | p＜0.01*** |

＊＊＊ p＜.001

（2）　学生が追究した内容

　学生が追究した内容を自由記述したものから抽出されたキーワードを階層的クラスター分析にかけた。分析に使用される語として、総抽出語（使用）149,074（57,598）、異なり語数（使用）4,933（4,020）が抽出された。樋口（2014）は、「総抽出語数」について、「分析対象ファイルに含まれているすべての語の延べ数であり、異なり語数とは何種類の語が含まれているかを

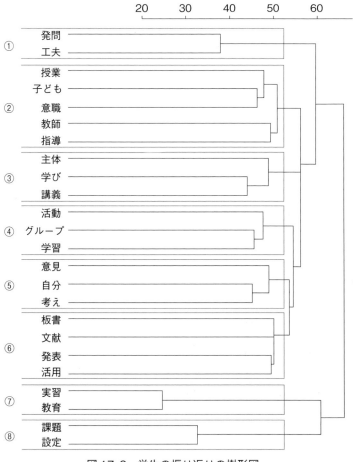

図17-2　学生の振り返りの樹形図

示す数である」とした。また、「使用」については、「これらの内、助詞や助動詞のように、どのような文章の中にでもあらわれる一般的な語は分析から除外される。そうした語を除いて、語の延べ数や種類数をカウントした値が「（使用）」の箇所に表示されている」と示した。

　階層的クラスター分析を実行する際には、Jaccard 距離を用いた ward 法にて分析を行った。出現回数の制御を行っており、最小で 200 回と設定した。最小を設定したのは、出現回数が多く、使用頻度が高く共通性がある語を抽出できるようにしたためである。さらに、何を学んだのかがわかりやすいように品詞による語の取捨選択を行い、名詞のみを抽出するように設定した。上記の条件により、24 語、8 クラスターに整理された。分類されたクラスターは図 17-2 のとおりであった（n＝167）。

　次に、分類されたクラスターに含まれる語同士の類似性から、学生が何を追究したのかについて「KH coder3」の KWIC コンコーダンス（以下、KWIC）のコマンドを参考に検討した。KWIC は、調べたいキーワードが表れる場所を示し、その前後の文脈も取り出して表示する機能に加え、直前または直後の 5 語以内に含まれる語とその出現回数を表示する機能があるため、分析対象のファイル内で抽出語がどのように用いられたのかという文脈を探ることができる（樋口、2014）。各クラスターに含まれる語がどの語と接続していたのか探ることで、用いられた意図を捉えることができると考えた。なお、クラスター 1、4、7、8 は、構成する語の数が少ないことに加え、語同士を組み合わせることで特定の言葉になると考えられる。すなわち、クラスター 1 は「発問の工夫」、クラスター 4 は「グループでの学習活動」、クラスター 7 は「教育実習」、クラスター 8 は「課題設定」を示していたと推察される。

　①クラスター 2：子どもに課題意識をもたせる教師の指導
　　クラスター 2 は、「授業」「子ども」「意識」「教師」「指導」の語で構成されていた。まず、「授業」は誰が受けた授業を指しているのか KWIC

で用いられ方を探ってみると、「授業」の出現回数は1,562回であり、そのうち「授業」と5語以内に接続した回数が多い語の順に、「子ども」が198回、「行う」が117回、「教師」が115回、「観察」が95回となっていた。「授業」と「子ども」「教師」「行う」の接続は、授業での子どもや教師の行動を示したと考えられ、ここでの「授業」は子どもが受けた授業を指したと考えられる。また、「授業」と「観察」は、授業観察を示しており、授業観察による学びがあったことが推察される。

　次に、「意識」が、誰のどのような意識を示したのかKWICで探ってみると、「意識」の出現回数は204回であり、そのうち「意識」と5語以内に接続した回数が多い語の順に、「子ども」が40回、「授業」が40回、「もつ」が34回、「課題」が30回、「問題」が25回、「目的」が22回となった。「意識」と「課題」「問題」「目的」の接続は、課題意識、問題意識、目的意識を示したと考えられる。それに加えて「子ども」や「授業」と接続したことから、「意識」は授業における子どもの課題意識を示したと言える。また、「教師」と「指導」は、教師の指導を示したと考えられる。したがって、授業で子どもに課題意識をもたせる教師の指導に関して追究できたと推察される。それに加え、追究の方法として授業観察が示唆された。

②クラスター3：授業を通した主体的・対話的で深い学びの実現

　クラスター3は、「主体」「学び」「講義」の語で構成された。「学び」は、誰の何についての学びを示していたのかKWICで探ってみると、387回の出現回数となっており、そのうち「学び」と5語以内に接続した回数が多い語の順に、「深い」が114回、「対話」が78回、「子ども」が59回、「主体」が37回、「講義」が32回、「実現」が29回となった。「学び」と「深い」「対話」「主体」が接続することで、「学び」は平成29年告示の学習指導要領のキーワードにもなった「主体的・対話的で深い学び」を示したと考えられる。それに加え、「子ども」や「実現」とつながることから、子どもの主体的・対話的で深い学びの実現を示したと考えられる。それゆ

え、主体的・対話的で深い学びの実現に向けて追究できた内容があったと推察される。

③クラスター 5：子どもの交流方法と学生同士の議論

　クラスター 5 は、「意見」「自分」「考え」の語で構成された。「意見」について KWIC で用いられ方を探ってみると、272 回の出現回数となっており、そのうち「意見」と 5 語以内に接続した回数が多い語の順に、「子ども」が 64 回、「自分」が 36 回、「交流」が 22 回、「他者」が 21 回、「聞く」が 20 回となった。「意見」と「子ども」「自分」が接続することから、子どもの意見と学生自身の意見の 2 つを示したと考えられる。また、「意見」と「交流」「他者」「聞く」等の語との接続から、交流を通して他者の意見を聞くことが課題に関する追究につながったと推察できる。

　次に、「考え」について誰の考えか KWIC で探ってみると、「考え」の出現回数は 276 回であり、接続した回数が多い語の順に、「自分」が 67 回、「子ども」が 61 回となった。そのため、学生自身の考えと子どもの考えという 2 つを示したと言える。したがって、学生同士による議論が追究につながったこと、子どもの交流のさせ方に関する学びがあったことの 2 点が示された。

④クラスター 6：文献調査や発表を通した板書・ICT 活用に関する学び

　クラスター 6 は、「板書」「文献」「発表」「活用」の語で構成された。「活用」は何の活用か KWIC で探ってみると、「活用」の出現回数は 203 回であり、接続した回数の多い語の順に、「ICT」が 55 回、「子ども」が 22 回、「授業」が 19 回となった。「活用」と「ICT」「子ども」「授業」の接続から授業での ICT の活用を示したと考えられる。「文献」は文献調査、「発表」は最後の発表を示していると考えられ、文献の調査や最後の発表を通して、板書や ICT 活用に関する学びがあったと推察される。

## 4　全体的考察

### （1）「始めるための力」に関する学び

　教育実習後の学生が抱える学習指導に関する課題意識として、「①子ども
の実態を踏まえた指導」「②子どもが意欲的・主体的に学ぶ授業づくり」「③
指導技術の適切、効果的な活用」の3つが指摘されていた（星ら、2017）。

　これらと階層的クラスター分析による結果との関連を見ると、まず、「②
子どもが意欲的・主体的に学ぶ授業づくり」については、クラスター2に
「子どもに課題意識をもたせる教師の指導」、クラスター3に「主体的・対話
的で深い学びの実現」に関する学びを得られたことが示唆されていた。特に
クラスター2からは、授業観察が学びにつながったことが示されており、学
生の自由記述にも、「教員の授業を見て、子どもが主体となる授業にするた
めにどのようにしたら良いのか、たくさんの方法を学ぶことができた」「教
師が一つひとつの学習活動に見通しをもたせている様子を見て、見通しをも
つと自信をもって作業に取り掛かることができ、意欲的な面にも関わってく
るのだなと感じた」などの意見が見られた。

　また、「③指導技術の適切、効果的な活用」については、クラスター1「発
問の工夫」、クラスター2「子どもに課題意識をもたせる教師の指導」、クラ
スター4「グループでの学習活動」、クラスター5「交流」、クラスター6「板
書・ICTの活用」に関する学びを得られたことが示された。これらについ
ては、クラスター2には授業観察、クラスター5には交流、クラスター6に
は発表や文献調査を通して学びにつながったことが示唆されていた。学生の
自由記述にも、「実際に授業を観察することが、一番わかりやすく、技術な
どを吸収できると感じた」「指導案を先に見ておくことで、自分が着目した
い視点や質問したい部分がわかり、授業を観察し、双方向交流を行うこと
で、自分の中の疑問や課題が解決したり自分の授業に生かしたいテクニック

などを見つけたりすることができた」などの意見が見られた。

　「①子どもの実態を踏まえた指導」に関しては、クラスター分析の結果に直接関連するものは見られなかった。一方、授業を通した学びの自由記述を個別に見ていくと、「先生の授業を見る中で、様々な方法で子どもの発言を生かすことができることを学んだ。具体的には、おうむ返しを行ったり、他の子どもに発言を代弁してもらったりするなどの方法があった」「意見が2つに分かれた場合の発問の仕方についても、先に少数派をあえて取り上げることで子どもが発言しやすい環境をつくっていた。このように発問の内容だけでなく、発問を行うタイミングについても工夫することで、子ども同士が多様な意見を出し合える授業になる」などの授業中の子どもの実態に応じた教師の指導や支援に関する学びにつながる記述が見られた。

　これらのことから、教育実習後に抱えている3つの課題意識に関して、本研究でデザインした授業計画、特に「行為の選択肢の拡大」を視点とした追究活動を通して、学生が「始めるための力」に関する学びを得たと言える。また、授業を通して「始めるための力」として学生が得た学びは、中央教育審議会（2006）が教員として最小限必要な資質能力として示した内容のうち、「教科・保育内容等の指導力に関する事項」とも合致していたと言える。それゆえ、本研究を通した学生の学びは、学生自身が今現在必要としている力であったことに加え、「始めるための力」として教員養成において育成が求められた資質能力とも符号するものであったと考えられる。

（2）「成長し続ける力」に関する学び

　学生の自己評価には、1週から15週までのいずれにおいても有意に肯定的評価が多く見られた。つまり、学生は、自身の課題の解決に向けて学修を進めることができたと感じており、本研究でデザインしたALACTモデルを基にした授業計画は、学生の学びやすさにつながったと推察される。

　まず、第1局面「行為」の場面として「教育実習1」を位置付け、それを

踏まえて第2局面「行為の振り返り」や第3局面「本質的な諸相への気付き」の場面としてガイダンスを行った。ガイダンスを通して学生は、「教育実習1」を振り返り、自身の実践の何に課題があったのかについて視点を明確にした。「階層的クラスター分析」の結果に、クラスター7「教育実習」やクラスター8「課題設定」が示されており、教育実習を通した課題設定に関する内容が示唆されていた。つまり、自分の経験が学修のスタートになり、自然と課題意識をもつことにつながったと考えられる。

また、第4局面「行為の選択肢の拡大」については、クラスター2で授業観察、クラスター5では他者との交流、クラスター6では文献調査やプレゼンテーションによる発表からの学びについて示された。したがって、本研究で課題解決のために意図した手立てが学生の「行為の選択肢の拡大」を図ることにつながったと考えられる。

これらのことから、ALACTモデルのプロセスを踏まえて学修を進めることは、学生が自身の課題の解決に向けた追究活動を進める上で取り組みやすかったと推察される。それゆえ、「成長し続ける力」としてALACTモデルのプロセスや手立てを学ぶことは、学生の今後の成長を支える助けとなる可能性が示唆されたと考えられる。

## 5 今後の課題

本研究の目的は、コルトハーヘン（2010）の示したALACTモデルに基づいた授業計画、特に「行為の選択肢の拡大」の手立てを明確に位置付けた授業計画の開発と実践により、学生が「始めるための力」と「成長し続ける力」を培うことにつながったのか検討することであった。実践の結果、ALACTモデルを基にした今回の授業計画は、学生が抱える3つ課題意識を基に広く行為の選択肢を増やし、学生が抱えていた課題を中心として「始めるための力」に関する学びを経験することにつながったと考えられる。ま

た、「成長し続ける力」として ALACT モデルのプロセスや手立てを学ぶことは学生の今後の成長を支える助けとなることが示唆された。

　一方、本研究は 3 年次の「教育実習 1」後における授業として実施したが、コルトハーヘン（2010）は、リアリスティック・アプローチを通した経験による学びの理想的なプロセスは行為と省察が代わる代わる行われるものと示した。つまり、大学での学びと学校現場での体験という理論と実践をいかに継続して往還させながら学ばせていくかということが今後の課題として挙げられる。学部 4 年間を通して ALACT モデルのサイクルをスパイラルに積み重ねていくことで、卒業後にも学生自身が ALACT モデルを意識しながら学び続けていくことが期待できる。学生が、「始めるための力」と「成長し続ける力」を高め、教員としての資質能力を伸ばすことができるように、大学での学びと学校現場での体験とのつながりを明確にした授業を実践していくことが求められている。

### 引用文献

坂東宏和・加藤直樹・藤原裕・根本淳一・稲垣孝男（2013）教員養成機能の充実を目的とした遠隔授業観察システムの導入と試行、情報処理学会研究報告、18、pp.1-6。

中央教育審議会（2006）今後の教員養成・免許制度の在り方について（答申）。

中央教育審議会（2012）教職生活の全体を通じた教員の資質・能力の総合的な向上方策について（答申）。

中央教育審議会（2015）これからの学校教育を担う教員の資質・能力の向上について〜学び合い、高め合う教員育成コミュニティの構築に向けて〜（答申）。

Schon, D（1983）The Reflective Practitioner: How Professional Think in Action. 柳沢晶一・三輪建二（監訳）（2007）省察的実践とは何か — プロフェッショナルの行為と思考、鳳書房。

Korthagen, F.（2001）linkig practice and theory. 武田信子（監訳）（2010）教師教育学 — 理論と実践をつなぐリアリスティック・アプローチ、学文社。

樋口耕一（2014）社会調査のための計量テキスト分析 — 内容分析の継承と発展を目指して —、ナカニシヤ出版。

姫野完治（2003）教育実習の実態に関する基礎的研究 — 教職志望学生への質問紙調査を通

して―、秋田大学教育文化学部教育実践研究紀要、25、pp.89-99。

姫野完治・渡部淑子（2006）省察を基盤とした教育実習事後指導プログラムの開発、秋田大学教育文化学部教育実践研究紀要、28、pp.165-176。

姫野完治（2010）段階的教育実習による教職志望学生の成長観の変容、秋田大学教育文化学部教育実践研究紀要、32、pp.153-165。

北海道教育大学教職実践演習全学運営委員会（2016）学び続ける教師を目指して―ステップアップ・チェックリスト　ハンドブック―。

星裕・福岡真理子・越川茂樹（2017）「学校臨床研究」の実施に向けた学生の「学習指導」に関する課題の検討、北海道教育大学紀要（教育科学編）、68（1）、pp.293-304。

星裕・福岡真理子・越川茂樹（2018）教育実習後における課題探究型学習のための教育方法の開発に向けた予備的研究、北海道教育大学紀要（教育科学編）、68（2）、pp.611-621。

伊藤亜佑子・塩田真吾・酒井郷平（2016）学校支援ボランティア活動における効果的な「ふりかえり」に関する実践的研究―ALACTモデルにおける「本質的な諸相への気づき」に着目して―、授業実践開発研究、9、pp.21-29。

釜田聡・津野治彦・安藤知子・亀山浩・井上久祥・中野英康・石川真・金子淳嗣・辻野けんま（2014）上越教育大学スタンダードを中核とした教育の質保証の成果と課題―「教職実践演習」と「教育実習」における「協働的省察行為」に着目して―、日本教育大学協会研究年報、32、pp.133-143。

国立教育政策研究所（2015）教員養成教育における教育改善の取組に関する調査研究―アクティブ・ラーニングに着目して―。

文部科学省（2018）小学校学習指導要領（平成29年告示）、東洋館出版社。

村井尚子（2015）エピソード記述と教育的契機の記述による教育実習へのリフレクション、大阪樟蔭女子大学研究紀要、5、pp.185-194。

志村卓志・石上靖芳（2017）初任者教師の省察を基軸とした授業力量形成過程の研究―小学校国語科の単元開発と実践の取り組みを通して―、静岡大学教育学部研究報告（教育科学編）、48、pp.103-114。

坂田哲人・村井尚子（2014）「教育の基礎理論に関する科目」のリアリスティックな授業実践、青山インフォメーション・サイエンス、42（1）、pp.4-9。

玉井康之・倉賀野志郎（2010）「理論と実践の往還」を目指す「教育フィールド研究」の体系化と「教職実践演習」への連動性の課題、日本教育大学協会研究年報、28、pp.245-259。

# お わ り に

　「学校臨床」という言葉を初めて聞いたとき、何か厳かな雰囲気というか医学的な重みを感じた。今振り返ると恥ずかしいが、平成29（2017）年頃の導入当初は、（教科専門を担当していた筆者などは）学校臨床の意味を正確にイメージできず、保健室で扱う診療系の内容をテーマとした授業をするのかと誤解していた。その勘違いはすぐに修正できたが、ある意味、学校臨床の先生方は立派なお医者さんではないかと思う。学校で子どもたちの心のケアをされてきたし、大学の教員養成の中では学生の悩みを聞いたり心の支えになったりされている。私も函館校のキャンパス長だった頃、当時の学校臨床教授の小松一保先生にどれだけ助けて（診て）もらったことか。皆、教育に対する熱い想いを抱いた立派な先生である。

　そして、令和元（2019）年秋に教育担当理事に就いて間もなく学長から言われた。「学校臨床研究の成果を書籍化してみないか」。二つ返事でオーケーした。当初から学校臨床教授は北海道教育委員会・札幌市教育委員会との交流人事で来てもらっており、任期は基本的に3～5年間だった。担当者の交代時に引継は行われるものの、成果が形として残りにくい。成果をきちんと残し、次へつなげていくために書籍化は格好の手段だった。

　さっそく、学校臨床教授の取りまとめを担っていた山中謙司先生に連絡をとり成果の書籍化を相談すると文字通り快諾してくれた。台割を考え、執筆者への調整、原稿の編集作業のすべてを取り仕切ってくれた。その後、コロナ禍の影響もあったが、このたび無事に書籍として出版できる運びとなったことで、関係者全員に感謝申し上げたい。

　今後は、この成果を基に学内でFDを開き、学校臨床研究・教職実践研究の成果を学内外の多くの教員と共有し、次の段階の活動へとつなげ、本学の

教員養成の質をさらに高めていきたい。また、本学の次期中期目標期間においては、学校臨床研究等の内容を充実・発展させた教員養成カリキュラムが導入される見込みである。「人が人を育てる」という本学の精神が学校臨床研究の中で脈々と受け継がれていくことを期待する。

　最後に、出版を引き受けてくださった大学教育出版の佐藤守氏と編集作業の初期の段階から助けていただいた中島美代子氏に感謝申し上げる。


　令和4年1月

北海道教育大学　理事　後藤　泰宏

# 執筆者一覧

蛇穴　治夫　（じゃあな　はるお）
　北海道教育大学学長
　（はじめに、第1章）

川端　香代子　（かわばた　かよこ）
　北海道教育庁学校教育局義務教育課長
　現　北海道教育庁後志教育局長
　（特別寄稿）

玉井　康之　（たまい　やすゆき）
　北海道教育大学副学長
　（第2章）

後藤　泰宏　（ごとう　やすひろ）　編者
　北海道教育大学理事・副学長
　（第3章、おわりに）

山中　謙司　（やまなか　けんじ）　編者
　北海道教育大学旭川校学校臨床准教授
　（第3、7、9、10、15章）

大牧　眞一　（おおまき　しんいち）
　札幌市立幌南小学校長
　（第4章）

横藤　雅人　（よこふじ　まさと）　編者
　北海道教育大学札幌校学校臨床教授
　現　瀬戸SOLAN小学校長
　（第5章）

210

星　　裕　（ほし　ゆたか）　**編者**
　　北海道教育大学釧路校学校臨床准教授
　　現　釧路町立昆布森小学校教諭
　　（第6、16、17章）

小田　将之　（おだ　まさゆき）　**編者**
　　北海道教育大学函館校学校臨床教授
　　現　木古内町立木古内小学校長
　　（第8、14章）

引地　秀美　（ひきち　ひでみ）　**編者**
　　北海道教育大学札幌校学校臨床教授
　　（第11章）

福岡　真理子　（ふくおか　まりこ）　**編者**
　　北海道教育大学釧路校学校臨床教授
　　現　学校法人北海道学院くしろせんもん学校講師
　　（第12章）

林崎　俊一　（はやしざき　しゅんいち）　**編者**
　　北海道教育大学旭川校学校臨床教授
　　（第13章）

# 教員養成で育む実践的指導力
## ― 学校臨床研究と教職実践研究の取組 ―

2022 年 2 月 20 日　初版第 1 刷発行

■編　　者———北海道教育大学
■発 行 者———佐藤　守
■発 行 所———株式会社 大学教育出版
　　　　　　　　〒 700-0953　岡山市南区西市 855-4
　　　　　　　　電話（086）244-1268　FAX（086）246-0294
■印刷製本———モリモト印刷㈱

ISBN978 − 4 − 86692 − 177 − 8